Jürgen Hübschen

BADETAG UND WUNDERTÜTE

agenda

Jürgen Hübschen

BADETAG UND WUNDERTÜTE

KINDHEIT UND JUGEND IM MÜNSTERLAND 1950 BIS 1965

agenda Verlag
Münster
2009

Bibliografische Information der Deutschen Nationalbibliothek

Die Deutsche Nationalbibliothek verzeichnet diese Publikation
in der Deutschen Nationalbibliografie; detaillierte bibliografische
Daten sind im Internet über http://dnb.d-nb.de abrufbar.

2. vollständig überarbeitete und ergänzte Auflage

© 2009 agenda Verlag GmbH & Co.KG
Drubbel 4, D-48143 Münster
Tel.: +49-(0)251-799610 | Fax +49-(0)251-799519
www.agenda.de | info@agenda.de
Layout, Satz und Umschlaggestaltung: Sabrina S. Jordt,
D. Anna Radanovic, Frank Hättich
Druck & Bindung: SoWa, Warschau/PL

ISBN 978-3-89688-395-7

Inhaltsverzeichnis

Warum gibt es dieses Buch?

Weil es auch bei mir nur noch eine Frage der Zeit ist, bis die Enkelkinder diese berühmte Frage stellen können: „Opa, erzählst Du uns noch einmal von früher?", habe ich mich entschlossen, ein paar „Geschichten von früher" aufzuschreiben.

Einerseits kann ich damit all denen eine Freude machen, die heute genau so alt sind wie ich, und auf der anderen Seite hat es den Vorteil, dass ich den Enkeln nicht immer dieselben Geschichten erzählen muss, sondern ihnen einfach aus diesem kleinen Büchlein vorlesen kann. Und wenn es mich dann mal nicht mehr gibt, dann können sie selbst nachlesen, wie das damals war, als der Opa noch ein Kind und später ein junger Mann gewesen ist.

Außerdem bin ich beim Schreiben dieser Geschichten selbst noch einmal wieder jung geworden und habe mich darüber gewundert, dass das alles wirklich schon ein halbes Jahrhundert her sein soll. Wo ist bloß die Zeit geblieben, die mir jetzt, als ich das alles aufgeschrieben habe, so vorkommt als sei es erst gestern gewesen?!

Natürlich bin ich beim Schreiben ein bisschen traurig geworden, dass das alles unwiderruflich Vergangenheit ist, aber ich bin auch glücklich darüber, dass ich das alles erleben durfte.

Vieles davon ist und war so einzigartig, dass es mir fast ein wenig leid tut, dass unsere Kinder und Enkelkinder so etwas nie erleben werden.

Jede Zeit hat ihre schönen und auch schlechten Seiten, aber jetzt, wo ich das alles aufgeschrieben habe, begreife ich erst richtig, dass meine Kindheit und Jugend etwas ganz besonderes gewesen sind.

Und erst heute verstehe ich wirklich, wie dankbar ich, vor allem meiner Mutter, dafür sein muss, dass ich das alles so erleben durfte.

Ich will versuchen, in und mit diesem Buch, Dinge in Erinnerung zu rufen, die für unsere Zeit und vor allem im Münsterland typisch waren und uns auch geprägt haben. Dabei will ich mich bemühen, hauptsächlich darüber zu schreiben, was alle oder zumindest die meisten in unserer Generation erlebt haben und das Ganze durch ein paar persönliche Erinnerungen zusätzlich würzen...

Ich danke unseren Freunden, die in Gesprächen und durch eigene Erinnerungen dazu beigetragen haben, all diese Dinge wieder aus den Schubladen zu kramen, in denen sie schon endgültig zu verstauben drohten, und damit unwiderruflich verloren gewesen wären.

Also, ein dickes Dankeschön an: Alice, Anne, Antje, Berti, Betty, Dieter (Ömmes), Franz-Josef, Gabi, Gaby, Heinrich, Helmut, Herbert, Hanna, Hubert, Ingrid, Klaus, Ludwig, Manfred, Renate, Rita, Theo, Wanda und natürlich an meine Frau Brigitte.

Sie alle werden sich in diesem Büchlein ganz besonders wiederfinden.

Das Buch widme ich meinen verstorbenen Eltern und all den Menschen, die dazu beigetragen haben, dass ich in den 50er und 60er Jahren so eine tolle Zeit hatte.

Greven, im März 2006

Der Alltag

Am 8. Mai 1945 war der Krieg zu Ende, viele deutsche Städte waren zerstört, und eine große Anzahl von Menschen hatte alles verloren. Bei den einen waren Hab und Gut durch die Bombenangriffe vernichtet worden, andere hatten ihren ganzen Besitz und natürlich auch Ihr Zuhause auf der Flucht in den Westen oder bei der Vertreibung zurücklassen müssen.

Die deutsche Wirtschaft lag völlig am Boden, manche Städte existierten praktisch nur noch auf der Landkarte und vor allem im Osten unseres Vaterlandes wurde ein großer Teil der noch intakten Industrie systematisch zerlegt und nach Russland transportiert.

Viele Menschen hatten die Bombenangriffe nicht überlebt, unzählige Männer waren gefallen oder aus der Kriegsgefangenschaft noch nicht zurückgekehrt.

Die Generationen unserer Eltern und auch Großeltern standen praktisch vor dem Nichts, die der Großeltern vielfach schon zum zweiten Mal.

Kinder, die kurz vor dem Krieg oder während des Krieges geboren wurden, schienen überhaupt keine Zukunftsperspektiven mehr zu haben und für diejenigen, die, wie ich, kurz nach dem Kriegsende geboren wurden, sah das nicht viel anders aus.

Was für eine Kindheit erwartete uns, wie würde unsere Jugend aussehen in einem Land, das einen von den Nazis vom Zaun gebrochenen Krieg verloren hatte und völlig am Boden lag?

Was für ein Glück, dass wir Kinder das gar nicht richtig realisiert haben und was für ein noch größeres Glück, dass unsere Eltern und vor allem unsere Mütter ihren Optimismus und ihr Selbstvertrauen nicht verloren hatten.

Wegen der weitgehend zerstörten Infrastruktur wohnten alle, zumindest in den ersten zehn Jahren nach dem Krieg, in viel zu kleinen Wohnungen, in denen es keine Badezimmer gab und in den meisten Fällen auch nur ein Zimmer beheizt wurde. Da wohnten alt und jung sehr eng zusammen, und die Stimmung war bisweilen etwas angespannt.

Weil so wenig Platz war, erlebte man auch alte Leute aus unmittelbarer Nähe. Sicherlich haben noch viele ihre Oma vor Augen, die so einen Haarknoten mit einem künstlichen Dutt darin trug. Abends wurden dann die Haare gelöst, und die Oma hatte einen langen Zopf. Beeindruckend waren auch die herausgenommenen Zähne im Glas, die wohl über Nacht irgendwie frisch gehalten wurden. Keine Ahnung, auf jeden Fall hatte Oma abends dann immer so einen nach innen gefallenen Mund. Das war ein bisschen unheimlich. Schlimmer waren allerdings diese „offenen Beine", die mindestens eine Oma oder Tante in jeder Familie hatte. Dieses offene Bein musste abends immer neu gewickelt werden, aber da guckte man besser nicht hin.

Neben vielen Menschen gehörten in den ersten Jahren nach dem Krieg auch Nutztiere zur Familie. Viele hatten Hühner im Garten, bauten alle Arten von Gemüse selber an und hatten häufig in irgendeinem Schuppen auch noch ein Schwein. Im Elternhaus meines Vaters, in dem wir mit vielen Verwandten von 1945 bis 1956 lebten, hieß das Schwein „Benjamin". Es lebte in einem Kellerraum, dessen Fenster aus gutem Grund immer offen stand. Benjamin war für mich eine ständige Bedrohung, weil es bei meiner Mutter immer, wenn ich mal wieder einen Stritz in die Unterhose gemacht hatte, weil ich zu knapp zum pinkeln gegangen war, hieß: „Wenn das noch einmal vorkommt, stecke ich Dich zu Benjamin in den Stall!" In Bezug auf Benjamins Farbe waren das ja durchaus rosige Aussichten, wenn ich aber an seine Behausung dachte, eher weniger!

Es fehlte in den ersten Jahren nach dem Krieg aber nicht nur an Wohnraum, sondern auch an Geld, und damit eigentlich an allem.

Mein Vater starb bereits im Sommer 1946, so dass meine Mutter für meinen Bruder und mich alleine gerade stehen musste. Ich habe erst als Erwachsener wirklich begriffen, was das eigentlich bedeutet hatte.

Wir Kinder haben auch die Geldknappheit nicht bemerkt. Wir hatten alles, was wir brauchten und manchmal sogar noch eine Überraschung zusätzlich.

Jeden Tag ging man zum Einkaufen in den Laden an der Ecke. Dort gab es alles noch unverpackt, bei uns hieß das „lose". Salz, Zucker oder Mehl stand in Säcken auf dem Boden und wurde in beliebigen Mengen abgewogen. Erinnert Ihr Euch noch an die Waagen, die an der Seite für die dreieckigen braunen Tüten so eine Halterung hatten? Gurken oder frisches Sauerkraut wurde aus einem Holzfass gefischt und dann auf Zellophanpapier gelegt. Die Rechnung wurde immer mit einem dicken, meistens roten Bleistift auf das Einpackpapier geschrieben. Ein Brot kostete 1 DM; die bekanntesten Sorten bei uns waren Kassler und Paderborner. Es wurde immer „Brot von gestern" gekauft. Meine Mutter sagte, das sei gesünder, man müsse es länger kauen, und deswegen wäre es auch gut für die Zähne. Der eigentliche Grund war natürlich, dass man von frischem Brot ein bis zwei Scheiben mehr gegessen hätte. Aber auch dafür hatte meine Mutter einen Spruch parat: „Fresser werden nicht geboren, die werden erzogen."

Klare Aussagen, und ich sehe sie vor mir, wie sie das Brot geschnitten hat und denke, dass das in allen Familien so war. Sie klemmte es schräg vor der Brust mit dem Unterarm ein, und dann wurden die Scheiben in Richtung Körper mit einem scharfen Messer abgesäbelt. Komisch, dass es beim Gebrauch des ersten Taschenmessers und später vor allem beim Fahrtenmesser hieß: „Junge, denk dran, immer vom Körper weg schneiden." Quod licet jovi, non licet bovi, lernten wir später im Lateinunterricht ...!

Ehe ich es vergesse: Die Brötchen kosteten damals fünf Pfennig und Teilchen einen Groschen, also zehn Pfennig. Für die meisten von uns war das aber nicht wichtig, weil es zu Hause sowieso keine Brötchen gab, und wenn mal als Überraschung eine Tüte mit Teilchen auf dem Küchentisch lag, dann waren die auch von gestern und kosteten dann nur noch fünf Pfennig oder manchmal gab es sie sogar dazu.

Könnt Ihr Euch noch erinnern, wenn es zu Hause selbst gebackenen Kuchen gab? Wenn es Blechkuchen war, musste ich vorher immer für zehn Pfennig Hefe holen, die wurde einfach von einem Stück abgeschnitten und war in so einem blau-silbernen Papier eingepackt.

Vorratshaltung an Lebensmitteln war aus dreierlei Gründen nicht möglich. Erstens hatte man keinen Platz, zweitens besaß man keinen Kühlschrank und drittens hatte man auch nicht genug Geld. Man lebte also so ein bisschen von der Hand in den Mund, aber was in den Mund kam, war eigentlich immer lecker. Das stimmte natürlich besonders, wenn man beim Einkaufen die berühmte Scheibe Wurst oder auch mal einen Bonbon bekam; bei uns hieß das „Bömbschen", ausgesprochen wird das: „Bömbschen". Die dicken Himbeerbonbons aus dem Glas waren besonders beliebt und natürlich Lakritzpfeifen und Nappoblocks. Eine besondere Spezialität waren Salmiakpastillen. Die kauften wir bei Herrn Vagedes in der Drogerie. Das waren so kleine schwarze Rauten, die Herr Vagedes in Mengen ab fünf Pfennig in eine kleine Tüte rieseln ließ. Wir nahmen die dann einzeln raus, leckten einmal über den Handrücken und legten mit den Salmiakpastillen Muster drauf, Sterne waren dabei besonders beliebt. Wenn das Kunstwerk fertig war und auf dem Handrücken klebte, wurde mit wachsender Begeisterung immer wieder mit der Zunge hinübergeleckt bis sich die ersten Pastillen lösten und man dann alle in den Mund schob. Wenn man zu Hause vor dem Spiegel die Zunge herausstreckte, war die ganz schwarz.

Nicht zu vergessen sind natürlich auch die Brausetüten von „Frigeo", die berühmte „Ahoj-Brause" in den Sorten: Zitrone, Orange, Himbeer und Waldmeister. Die Tüten zum Preis von zwei Pfennig hatten an der Seite einen kleinen Strohhalm aufgeklebt. Damit saugte man das Pulver in den Mund und schäumte es dann durch Wackeln mit den Backen auf. Eine andere Variante bestand darin, dass man sich etwas Brausepulver in die Hand schüttete und dann langsam aufleckte. Wenn man die Zunge einen Moment in dem Pulver liegen ließ, prickelte es erst wie verrückt und dann fing es fast schon an auf der Zunge zu brennen. Später gab es für fünf Pfennig Brausewürfel, aber die wurden nie so legendär wie die Tüten. Und erinnert Ihr Euch noch an die Drops-Rollen? Die gab es auch mit verschiedenem Geschmack. So einen Drops konnte man so lange lutschen bis er ganz dünn war und in der Mitte ein Loch kriegte. Da steckte man dann die Zungenspitze rein bis es nur noch so ein Dropsring war. Irgendwann kamen diese grünen Vivil-Automaten auf. Da warf man zehn Pfennig rein, musste zwei Griffe zusammendrücken und dann fiel eine kleine Stange Vivil nach unten durch.

Das Beste von allem aber waren die Wundertüten von „Heinerle" mit der Aufschrift „Die beliebte Wundertüte", zunächst in Schwarz-Weiß und später „Die begehrte Wundertüte" in Farbe. Keine Sorge, über den Inhalt werde ich später noch etwas erzählen.

Wenn man Milch oder Milchprodukte kaufen wollte, musste man dafür bis Mitte der 50er Jahre in gar kein Geschäft gehen. Der Milchmann kam nämlich mit seinem Wagen vor die Haustür. Zu Anfang war das noch eine Pferdegespann mit Milchkannen auf der Ladefläche.

Der Milchmann hatte eine große Glocke, mit der er klingelte, um die Hausfrauen oder auch beauftragte Kinder aus den Häusern zu locken. Für die Milch nahm man einen Topf mit, in den die

Milch vom Bauern aus der Kanne abgefüllt wurde. Wollte man auch noch Quark kaufen, manche nannten den auch Schichtkäse, musste man noch eine Schüssel mitbringen. Der Quark wurde in so ein Butterbrotpapier eingeschlagen und dann in die Schüssel gelegt. Kurze Zeit später war dann unten in der Schüssel so eine leicht grünlich-wässrige Flüssigkeit, nicht unbedingt Appetit anregend.

Wie überall war auch beim Milchmann das Wirtschaftswunder bald zu spüren, und er kam statt mit dem Pferdefuhrwerk jetzt mit einem Dreirad-Kleinlaster der Marke „Tempo". Die Milch wurde nicht mehr in Kannen transportiert, sondern in einem Stahlbehälter mit einem Hahn. Wenig später wurde das „Tempo-Dreirad" durch einen Bulli der Marke „DKW" ersetzt. Das waren diese Lieferwagen mit der schrägen Schnauze und den großen Scheinwerfern, die so aussahen, als hätten sie ein Gesicht.

Nicht nur der Milchmann kam jetzt mit dem Auto, sondern auch der Lumpensammler und der Klüngelkerl. Die beiden benutzten ebenfalls große Glocken, um den Leuten ihr Kommen anzukündigen oder sie drückten auf die Hupe. Dazu riefen sie noch: „Lumpen, Eisen, Papier."

Wir hatten daraus zwei andere Sprüche gemacht, und die gingen so: „Lumpen, Eisen, Knochen und Papier, ausgerissene Zähne sammeln wir" oder „Der Klüngelkerl nimmt alles an, auch Papier mit Driete dran." – Driete ist im Münsterland das plattdeutsche Wort für Scheiße. Wenn der Klüngelkerl kam, sammelte dieser hauptsächlich Alteisen und anderes Metall. Das war für uns Kinder die erste Gelegenheit, Geld zu verdienen. Auf den zahllosen Trümmergrundstücken war immer irgendwo Altmetall zu finden. Das sammelten wir und packten es in irgendeine Ecke oder unter einen Busch bis der Klüngelkerl mal wieder kam. Man schleppte dann seine Schätze zum Wagen, wo sie mit einer speziellen Waage gewogen wurden. Das war so ein Instrument, das der Klüngelkerl in der Hand hielt, und das unten einen Haken hatte. Daran wurde das Metallteil gehängt und zog so mit seinem Gewicht eine Skala auseinander, auf der man ablesen konnte, wie schwer das Teil war. Dieses Verfahren machte einen ausgesprochen fortschrittlichen, enorm technischen und vor allem auch seriösen Eindruck. Das Interessante und gleichzeitig Tragische aber war, dass sich das Gewicht eigentlich kaum auf unseren Erlös auswirkte. War das Teil besonders schwer, war das Material nach Aussage des Klüngelkerls nicht viel wert oder die gesammelten Schätze hatten nur ein geringes Gewicht, und dann gab es auch nicht viel. Zehn Pfennig war die Regelbezahlung, ab und zu gab es mal einen Fünfziger und als absolute Ausnahme sogar mal 1 DM. Egal, wir haben dieses Geld nicht in die Spardose gesteckt, sondern in dem bereits beschriebenen Laden an der Ecke sofort umgesetzt. „Was man hat, das hat man", war schon damals ein gutes Motto.

So wie sich Milchmann, Klüngelkerl und Lumpensammler motorisierten, so hielt auch in der Verwandtschaft der Fortschritt Einzug. Die meisten Soldaten, die den Krieg überlebt hatten, waren aus der Gefangenschaft zurück, und wer sich was zutraute, der konnte gutes Geld verdienen. Das deutlichste Symbol für einen gewissen Wohlstand war neben einer Musiktruhe aus fürchterlich glänzendem Holz natürlich das erste eigene Auto. Bei meinen Onkeln waren das die Typen „Opel Olympia", „DKW 3/6" und natürlich der „VW-Käfer" anfangs hinten noch mit Brezelfenster. Wenn man mal bei einem Onkel mitfahren durfte, dann konnte man als Junge natürlich vorne sitzen, egal wie alt man war. Sicherheitsgurte oder gar Airbags waren zu unserem Schutz noch nicht erfunden. Nackenstützen für die Erwachsenen gab es auch noch nicht. Deshalb konnten die Väter und Onkel am Steuer auch noch großkrempige Hüte tragen, ohne diese zu verbeulen. Kleinere Geschwister, die beim Sitzen noch leicht zur Seite kippten, wurden auf den Schoß genommen, weil es ja auch noch keine Kindersitze gab. Wenn Mutter auf dem Beifahrersitz saß, dann hockte das Jüngste auch dort auf Mutters Knie, weil man da am besten sehen konnte und es außerdem bei Mami am gemütlichsten war. Als Sicherheitsgurt fungierte Mutters um den Bauch gelegter Arm!

Zu einem „Mercedes" reichte es nur bei Fabrikanten oder Ärzten. Genau vor Augen habe ich noch den Wagen des Chefarztes vom Coesfelder Krankenhaus, dessen Sohn ein Freund meines Bruders war. Dieser Arzt fuhr einen cremefarbenen Mercedes 220 SE Coupe Kabriolett mit beigen Ledersitzen. Das war ein Auto, von dem schon die Alten sagten: Oh, welch ein Auto!

Mit dem eigenen Wagen gab es für die etwas betuchteren Menschen auch die ersten Urlaube und zwar nicht nur an der See oder im Harz, sondern auch in Italien. Manche fuhren sogar mit dem Wohnwagen dorthin.

Für uns und die meisten meiner Freunde kam das aus finanziellen Gründen nicht in Frage, aber wir haben es auch nicht vermisst!

Leider waren Verwandte oder auch Bekannte nach ihrer Rückkehr aus ihrem ersten Italien-Urlaub der Meinung, sie sollten den Zurückgebliebenen mit einem Bildbericht ihrer Reise eine Freude machen. An diese Einladungen erinnere ich mich nur mit Grausen.

Man wurde also zu einem Dia-Vortrag oder manchmal sogar zu einem Filmabend eingeladen. Meistens brachte man dazu eine Tüte Salzstangen oder ähnliches als Gastgeschenk mit, alternativ drei Freesien oder rosafarbene Nelken.

Das Wohnzimmer der Gastgeber wurde praktisch in ein Mini-Kino umgewandelt. Stühle und Sessel stand in zwei oder auch drei Reihen hintereinander. Bei weißen Tapeten wurden die Bilder einfach an die Wand geworfen, und bei ganz dezent gestriften Mustern machte man das ebenso. Das gab den stehenden oder laufenden Bildern immer einen besonders interessanten Hintergrund.

Wenn die Wände zu farbig waren, wurde eine Leinwand aufgebaut, die man in der Regel an einem Bilderhaken befestigte. Meistens war das ein irgendwie aufgespanntes Betttuch.

Das Zeigen der Bilder, bzw. das Bedienen der Schmalfilmkamera war natürlich dem Herrn des Hauses vorbehalten.

Wir Kinder waren eigentlich nur am Knabberzeug interessiert und daran, ob es Limonade oder Brause zu trinken gab. Bei Dia-Vorträgen war es außerdem wichtig zu prüfen, wie viele Schachteln mit Bildern es gab. Dann wusste man nämlich, wie lange man aushalten musste.

Das Schlimme an diesen Vorträgen war, dass überhaupt keine Bilder aussortiert, sondern immer alle gezeigt wurden und auch niemand auf die Idee gekommen wäre, den Film irgendwie zu schneiden. Nein, es gab immer für alle von allem das volle Programm.

Die Vorhänge wurden zugezogen, falls vorhanden die Rollos heruntergelassen. In der Regel hatte dann der Hausherr zu wenig Licht, so dass sich dieser Vorgang bisweilen einige Male wiederholte.

Und dann kamen die Bilder, Landschaften und immer wieder Landschaften, Straßen, Bäume, Berge, Seen und auch das Meer, alles in sehr unterschiedlicher Qualität, beim Film häufig auch noch mit blitzenden Querstreifen unterlegt. Und dazu diese Kommentare zu Motiven, die man selbst noch nie gesehen hatte und zu Menschen, die man häufig gar nicht kannte oder zumindest wegen der schlechten Bildqualität auch gar nicht erkennen konnte!

Ich will mich jetzt mal auf diese Dia-Vorträge beschränken, von denen ich noch viele dieser Anmerkungen im Ohr habe, und auch Ihr werdet Euch daran erinnern, wie es da hieß: „Das sind jetzt die Alpen; hier noch nicht, aber gleich. Guckt mal oben rechts ... An den Bäumen könnt Ihr sehen, dass hier viel die Sonne scheint, das Laub wird schon an manchen Stellen braun ... Dies hier ist ein ganz schöner kleiner Ort. Liesl, wie hieß der noch? Da war doch dieses Restaurant, in dem wir auf der Fahrt gegessen haben ... Jetzt sind wir am Meer. Da hinten, mit der blauen Badehose, das ist Vati. Kann man gegen die Sonne nicht so gut sehen. ... und heiß war das da ... Seht Ihr auf dem Bild, wie unser Robert schwitzt?" So ging das immer weiter und konnte Stunden dauern. Mit dem Wort „Tortur" ist das nur unzureichend beschrieben.

Tortur ist ein gutes Stichwort, weil auch der jährliche Auftritt des Nikolaus etwas ähnliches werden konnte. Man war damals ja noch nicht so feinfühlig wie heute, und die Psychologie spielte eine eher untergeordnete Rolle. Im Münsterland trat der Nikolaus nicht alleine, sondern immer zusammen mit dem Ruprecht auf. Während der Nikolaus bei uns im Münsterland wie ein Bischof aussah und nicht wie diese Weihnachtsmänner heute, war der Ruprecht immer ganz schwarz angezogen und hatte dazu noch ein schwarzes Gesicht. Ich habe keine Ahnung, warum das so war; mit Negern hatte es jedenfalls nichts zu tun. Nikolaus und Knecht Ruprecht traten in der Regel nur in großen Sälen auf, meistens für die jeweilige Nachbarschaft. Da saßen dann die Eltern und Großeltern mit ihren Kindern und warteten auf den heiligen Mann. Wenn der dann mit würdigem Schritt den Saal betrat, gefolgt von dem knurrigen und brummelnden Ruprecht mit dem Sack auf dem Rücken, dann wurde uns immer ganz anders, sogar dann noch, als wir gar nicht mehr so richtig an den Nikolaus glaubten. Und dieser Bammel hatte gute Gründe. Der Nikolaus hatte nämlich immer zwei Bücher dabei, ein goldenes und ein schwarzes. Für jedes Kind stand in beiden Büchern etwas und zwar im goldenen, was man im vergangenen Jahr besonders gut gemacht hatte und im schwarzen eine Auswahl aller Übeltaten, zu denen man sich bekennen musste.

Jedes Kind wurde nach vorn gerufen, Geschwister konnten

manchmal auch zusammen „antreten". Der Nikolaus stand entweder riesengroß vor einem – so kam es uns jedenfalls vor – oder saß in einer gütigen Würde auf einem Stuhl. Wenn er saß, war es schon nicht mehr ganz so schlimm. Er schlug das goldene Buch auf, und dann las er laut vor, was ihm an uns gut gefallen hatte. Dabei hörte man eigentlich gar nicht richtig hin, weil man ja wusste, dass das schwarze Buch auch noch an die Reihe kam. Wenn der heilige Mann dieses Buch aufklappte, dann wurden die Hände schon leicht feucht. Laut und für alle gut zu hören, las dann der Nikolaus vor, was bei jedem von uns nicht so geklappt hatte. Um seinen Worten Nachdruck zu verleihen, haute der Ruprecht dabei immer noch mit seiner Rute ans Bein und grummelte vor sich hin. Geht es Euch auch so, dass man heute noch die Gänsehaut ein bisschen spürt, wenn man daran denkt? Hatte man auch das schwarze Buch überstanden, gab es endlich die ersehnte Tüte, und man durfte wieder auf seinen Platz gehen. Jedenfalls war das in den meisten Fällen so. Ich erinnere mich aber auch, dass eine meiner Cousinen, offensichtlich wegen größerer Übeltaten, am Ende vom Nikolaus keine Tüte, sondern stattdessen vom Ruprecht eine Rute bekam. Das waren schon harte Bandagen, die nicht immer leicht zu ertragen waren. Anfangs wussten wir ja noch nicht, woher der Nikolaus so gut informiert war, aber als wir dann so langsam dahinter kamen, wer uns verpfiffen hatte, waren wir auf die Eltern sauer. Aber geändert hat das auch nichts.

Bevor in den folgenden Kapiteln einzelne Bereiche des Lebens in den fünfziger und frühen sechziger Jahren etwas genauer unter die Lupe genommen werden, möchte ich uns noch an die Frauen und Mütter erinnern, die in dieser Zeit nicht nur ihr Leben, sondern oft auch das mehrerer Kinder alleine meistern mussten, weil die Männer im Krieg gefallen, vermisst oder aus der Gefangenschaft noch nicht zurückgekehrt waren. Heute wollen ja viele Menschen durchaus gern als Single leben und manche allein erziehenden

Mütter sind gar nicht böse darum oder tun wenigstens so. Damals mussten die Frauen, ob sie es wollten oder nicht, mit der Situation und dem Leben allein fertig werden. Sie haben es uns Kinder nicht merken lassen, wie schwer das für sie war. Da gab es ja nicht nur das Problem mit dem fehlenden Geld, sondern es war auch niemand da, bei dem man sich mal anlehnen konnte, wenn man nicht mehr wusste, wie es weitergehen soll. Und in dieser Zeit herrschte ja in vielen Köpfen noch die Vorstellung: Einmal Witwe, immer Witwe. Jeder von uns kennt Frauen, die ihre Ehemänner, manchmal sogar den Verlobten im Krieg verloren haben und für den Rest ihres Lebens allein geblieben sind. Unsere Mutter wurde 1946 mit 35 Jahren Witwe und ist bis zu ihrem Tode im Jahr 1987 allein geblieben. Und sie war weiß Gott nicht die einzige, die sich auf diese Weise mit ihrem Schicksal arrangiert hat.

Dass viele Kinder damit auch ohne Vater aufwachsen mussten, war auch durchaus kennzeichnend für diese Zeit. Ob der Vater gefehlt hat, dass können die Kinder, denen es so ging wie meinem Bruder und mir, wohl gar nicht mit Bestimmtheit sagen, weil man irgendwie ja etwas nur vermissen kann, wenn man es einmal gehabt hat.

Ich selbst konnte das alles dadurch etwas kompensieren, dass wir heute vier, mittlerweile natürlich erwachsene, Kinder haben. Ich habe nämlich mit ihnen, als sie klein waren, viele Dinge gemacht, von denen ich geglaubt habe, dass mein Vater sie auch mit mir unternommen hätte, wenn er nicht schon mit 35 Jahren gestorben wäre.

WOHNEN, ESSEN UND SCHLAFEN

Aber jetzt will ich nicht in Nostalgie verfallen oder gar Trübsal blasen, sondern die Reise in die Vergangenheit, zurück in unsere Kindheit und frühe Jugend fortsetzen. Wie haben wir damals eigentlich gewohnt? Hatten wir einen gemütlichen Platz zum Schlafen? Was gab es damals zu essen und zu trinken?

Bis Mitte der fünfziger Jahre lebten die meisten von uns, wie bereits erwähnt, in einer gemütlichen, bisweilen aber auch belastenden Enge. Der Traum vom eigenen Zimmer war ebenso unerfüllbar wie der vom eigenen Bad oder einer ausschließlich von der Familie genutzten Toilette. Für viele von uns war in der Kindheit nicht einmal das eigene Bett eine Selbstverständlichkeit. Viele teilten sich Matratze und Plumeau mit Bruder oder Schwester. Andere wurden nur zum Einschlafen ins Bett gelegt und wachten morgens im Wohnzimmer auf dem Sofa wieder auf. Eine Freundin hat mir erzählt, dass sie für fast zwei Jahre ihr Bett mit einem Flüchtlingsmädchen teilen musste, das auf einmal da war. Erst im Laufe der Zeit hat sie von ihren Eltern erfahren, dass es sich um eine Familie gehandelt hat, die aus Polen vertrieben wurde. Bis die Leute eine eigene und auch ausreichende Bleibe gefunden hatten, brachten sie abends die zwei Kinder vorbei. Das Mädchen kam in das Bett von unserer Freundin, und der Junge wurde zu ihrem Bruder gepackt.

Ich selbst habe bis zu meinem zehnten Lebensjahr mit meiner Mutter und meinem Bruder im Ehebett meiner Eltern geschlafen, weil unser Vater ja schon so früh gestorben war.

Die Betten standen in ungeheizten Zimmern, und so war es keine Seltenheit, dass die Plumeaus morgens an den oberen Enden durch die Feuchte des nächtlichen Atmens ein wenig steif gefroren waren. Die Holzdielen des Fußbodens waren im Winter so kalt, dass man sofort nach dem Aufstehen schlagartig wach war. Es hatte also auch was Gutes, zumindest aus der Sicht der Eltern, die ja dafür verantwortlich waren, dass wir pünktlich in die Schule kamen. Und da der Schulweg manchmal ziemlich lang war, einige Kinder mussten bis zu vier Kilometer mit dem Fahrrad fahren, musste man früh genug in die Puschen kommen. Schulbusse waren ja noch nicht erfunden und Autos, mit denen man hätte zur Schule gebracht werden können, hatten die wenigsten.

Neben der Kälte im Winter gab es auch noch das berüchtigte Durchregnen. Das lag daran, dass manche Dächer nach Bombentreffern nur notdürftig oder wenig fachmännisch repariert worden waren. So gab es in unregelmäßigen Abständen dunkle Flecken an der Decke, die nach dem Abtrocknen schöne gelbe Ränder hinterließen.

Für die, die nicht unterm Dach wohnten, gab es auch noch die Problematik mit den „Zimmerdecken, die runterkamen", wie wir das damals nannten. In vielen Fällen waren nämlich die Zwischendecken nicht aus Beton gegossen, sondern bestanden aus einer Holzkonstruktion, die mit einer Mixtur von Stroh und Mörtel gefüllt war. Oben kamen dann Holzdielen drauf und unten wurde verputzt. Da das Zement-Sand-Verhältnis häufig zu Gunsten des Sandes gemischt wurde, war der Putz bisweilen eher körnig. Das führte dazu, dass bei etwas größeren Erschütterungen in der oberen Wohnung, für die es die unterschiedlichsten Gründe gab, eben in der darunter liegenden Etage „die Decke runter kam". Bei uns zu Hause war davon im Regelfall zunächst die unter uns wohnende Tante Käte betroffen, aber kurz danach – im Rahmen der Ursachenermittlung – auch wir Kinder selbst, und zwar handfest!

Geheizt wurde nur in der Küche, dem wichtigsten Zimmer für die ganze Familie. Einige hatten dort noch einen richtigen Kanonenofen stehen. Der sah aus wie eine dicke, rostige oder schwarze Eisenröhre, die oben eine Herdplatte und unten drei Beine hatte.

Darauf konnte man natürlich nur einen Topf stellen, was den Trend zu einfachen Mahlzeiten, sprich Eintöpfen, sehr unterstützte! Die meisten von uns hatten aber einen richtigen Küchenofen, auf dem für mehrere Töpfe und einen Pfeifenkessel Platz war. Außerdem gab es bei diesen Exemplaren auch einen Backofen. So ein Küchenherd, der durfte natürlich über Nacht nicht ausgehen, sollte aber auf der anderen Seite auch nicht unnötig Brennmaterial verbrauchen, wenn sowieso alle im Bett waren. So erfand man die Methode der eingepackten Briketts. Diese rechteckigen Klötze aus Braunkohle ließen nicht nur einen ganz typisch stinkenden Qualm aus dem Schornstein aufsteigen, sondern konnten das auch sehr lange. Wenn man so ein Brikett in feuchtes Zeitungspapier einwickelte, brannte es die ganze Nacht; das heißt eigentlich war es mehr ein Glimmen. Morgens wurde der Ofen dann erst einmal ganz vorsichtig gerüttelt. Da war unten so eine Art eisernes Sieb, das man bewegen konnte, wobei die Asche in den darunter befindlichen Kasten durchfiel. Als nächstes legte man vorsichtig mit einem Stocheisen den noch schwach roten Kern des Briketts frei. Anschließend nahm man dünne Holzscheite und legte diese mit viel Fingerspitzengefühl auf die Restglut des Briketts. Dann pustete man ganz vorsichtig in den Ofen, bis das Holz anfing zu brennen. Wenn das funktioniert hatte, legte man ein paar größere Scheite nach und packte oben drauf eine kleine Schaufel Eierkohlen.

Bis man sich gewaschen und angezogen hatte, war es meistens in der Küche schon wieder gemütlich warm, zumindest im Vergleich mit dem Rest der Wohnung, und die Milch auf dem Herd war auch schon heiß. Wenn Mutter allerdings beim Schmieren der Schulbrote nicht auf die Milch aufgepasst hatte, dann kochte sie über. Ich glaube, jeder sieht das noch vor sich und kann sich an den typischen Geruch erinnern. Die Milch quoll wie ein weißer Schaumberg oben aus dem Topf heraus, und wenn die Flüssigkeit auf die heiße Herdplatte kam, dann sprangen weiße Milchkügelchen nach allen Seiten ... Mutter riss den Topf mit einer resoluten Handbewegung vom Herd, und der weiße Schaumberg kroch zurück in den Topf. Im Gegensatz zum Gasherd oder den Elektroherden, konnte man einen Kohleofen aber nicht abstellen. Das heißt, die Milch verbrannte auf der Ofenplatte zu so einer Art braunschwarzer Kruste. Um diesen sehr geruchsintensiven Vorgang nicht bis zum Ende auskosten zu müssen, wurde die verbrannte Milch mit einem Messer von der Ofenplatte abgekratzt. Seht Ihr es auch noch vor Euch, Ihr meine Augenzeugen aus vergangenen Tagen und kitzelt es noch in Euren Nasen?

Diese Öfen wurden also mit Zeitungspapier und Holz angezündet und dann mit Briketts und Eierkohlen geheizt. Dieses „schwarze Gold", wie es Peter Alexander besingt, wurde im Keller gelagert. Je nachdem, wie viel Geld oder auch Platz man hatte, wurden Kohlen und Briketts für den ganzen Winter auf einmal eingelagert oder nach und nach. Weil wir zu Hause wenig Kohle (im Portemonnaie) hatten, gab es auch im Keller nie Kohlen oder Briketts im Überfluss. Gebracht wurde das Heizmaterial anfangs mit einem Pferdefuhrwerk, das von einem schweren Kaltblüter gezogen wurde, später dann mit einem Lastwagen. Die Kohlenmänner waren genauso schwarz wie die Bergleute. Bei uns in Coesfeld war einer dieser Männer ehrenamtlich auch der Schweizer in der Pfarrkirche. Seine Aufgabe war es, in der Lambertikirche für Ordnung zu sorgen. Dazu gehörte es, die schwätzenden Kinder zum Schweigen und die Erwachsenen zum Rutschen zu bringen, damit mehr Leute in den Bänken Platz hatten. Das wäre heute wohl nur noch an Weihnachten nötig ... Außerdem kümmerte er sich darum, dass die Erwachsenen nicht die Bänke für die Kinder blockierten und in den dunkelschwarzen Teilen des Münsterlandes sorgte er auch noch dafür, dass Männer und Frauen in der Kirche auf der richtigen Seite des Mittelganges Platz nahmen. Als

Schweizer trug dieser stattliche und Respekt einflößende Mann ein rotes Ornat und hielt in einer Hand einen langen Stab, der aber am oberen Ende keine Insignien der Hirten hatte, sondern nur eine Kugel. Sein Haupt zierte eine fast orientalisch aussehende Kopfbedeckung, und er hatte weiße Handschuhe an. Ob diese zur Standardausrüstung der Schweizer gehörten oder bei unserem Schweizer auch dazu dienten, seine Kohlehände zu verstecken, weiß ich bis heute nicht.

Eigentlich wollte ich ja auch von den Kohlenmännern erzählen. Diese wuchteten sich die schweren, groben Säcke mit Kohlen oder Briketts von der Ladefläche auf die Schulter und trugen sie die Treppe runter in den Keller, wo sie einfach ausgekippt wurden. Manche Leute hatten auch Kellerfenster zur Straße und so eine Holzschütte, über die man Kohlen und Briketts einfach in den Keller rutschen ließ.

Egal, wie die Briketts in den Keller kamen, dort mussten sie gestapelt werden, um Platz zu sparen. Das war eine ziemlich staubige Angelegenheit, und deswegen musste man danach seine Nase erst einmal mit Klopapier putzen, um das Stofftaschentuch nicht zu versauen.

Für den Transport von Kohlen und Briketts in die Wohnung waren die Kohlenmänner natürlich nicht mehr verantwortlich. Das musste man schon selbst erledigen. Dafür gab es Kohlenteuten und Brikettständer. Die Teuten, das waren Schütten aus Metall, die oben einen beweglichen Bügel zum Tragen hatten. Brikettständer waren nach vorne und oben offene rechteckige Metallkästen, die mit einem runden unbeweglichen Bügel abschlossen. Beide Transportmittel gab es in wohlhabenderen Haushalten auch in der gehämmerten Ausführung. Die sah zwar schöner aus, aber leichter wurden die Kohlenteuten und Brikettständer davon auch nicht; es sei denn, sie wurden von Hausangestellten getragen. Ich denke aber nicht, weil zwar „Bonzen" Hausangestellte hatten, aber schon damals keine Öfen mehr, sondern mit Koks befeuerte Zentralheizungen.

Damit aber genug von den Öfen und der Art ihrer Befeuerung, sonst vergesse ich noch, davon zu erzählen, was eigentlich in den Töpfen war. Da bleibt als erstes festzuhalten, dass es Fleisch eigentlich nur am Sonntag gab. Typische Sonntags- oder Festtagsessen waren: Kartoffeln, Rotkohl und Bratwurst mit brauner Sauce oder Kartoffeln, Kotelett mit Erbsen und Möhren. Auch Gehacktes war sehr beliebt, dazu Kartoffeln und Kohlrabi. Sonntagabends gab es bei uns oft Knackwurst mit Kartoffelsalat, dazu durfte man die Sportberichte im Radio hören. Freitags gab es Fisch, und damit war das ein Tag, auf den sich die Kinder nicht freuten. Es gab nämlich für uns noch keine Fischstäbchen oder so in Folie gebackenen Fisch, der keine Gräten hatte. Wir mussten Kochfisch essen, bei dem uns jede Gräte an den Blasius-Segen erinnerte. Abends gab es am Freitag entweder Käse oder Tomatenbrote, manchmal auch eine Dose Fisch in Tomaten- oder Senfsauce. Schrecklich war immer, wenn „als besondere Delikatesse" ein ganzer geräucherter Bückling auf den Tisch kam. Wenn man davon aß, musste man immer einen spitzen Mund machen und mit der Zunge eine Mischung aus Gräten, Haut und Fisch auf die Gabel drücken. Das sah fast aus wie das Gewölle von den Eulen. Nicht sehr appetitlich!

In der übrigen Woche dominierten Eintöpfe ohne Fleischeinlage, Nudeln oder Reibeplätzchen. Diese kamen natürlich nicht aus der Tiefkühltruhe, weil es die noch gar nicht gab, sondern wurden von Hand gerieben. Das ist auch so ein Bild, das ich noch immer vor Augen habe. Zuerst wurden die Kartoffeln geschält, und zwar mit deutlich dünnerer Schale als das heute in den meisten Haushalten der Fall ist. Die Reibe war ein nach unten und oben offener Zylinder mit einem festen Bügelgriff. Die Seiten waren unterschiedlich grobe und sehr scharfkantige Reibeflächen.

Ich glaube, die wurden einfach so hergestellt, dass man von der Innenseite unterschiedlich große Öffnungen so gestanzt hatte, dass das Metall nach außen durchgedrückt wurde. Mutter stellte die Reibe in eine Schüssel und rieb dann die Kartoffeln an der groben Seite bis nur noch ein möglichst kleines Stück übrig war. Das steckte ich dann roh in den Mund, es sei denn, Mutter hatte nicht aufgepasst und sich an der Reibe die Fingerknöchel geratscht. Diese roten Pünktchen im Teig gaben dann den Reibeplätzchen eine ganz persönliche Geschmacksnote! Zu den Reibeplätzchen gab es selbst gemachtes Apfelmus und manchmal auch noch Pumpernickel; so heißt das Schwarzbrot im Münsterland.

Pfannkuchen standen natürlich auch auf dem Speiseplan, allerdings ohne Speck; den gab es eigentlich nur bei den Bauern. Wir aßen die Pfannkuchen zu Hause mit Zucker oder mit selbst gemachter Marmelade. Auch andere Süßspeisen waren beliebt, wie heißer dicker Reis mit Zucker und Zimt oder Hefeklöße, am liebsten mit Blaubeeren, die so schöne blaue Zähne und eine krank aussehende Zunge machten. Zum Nachtisch gab es oft dicke Milch oder Griespudding mit Himbeersaft, auch Wackelpudding oder Stippmilch mit ein bisschen Marmelade In diesem Zusammenhang erinnert sich jeder von uns bestimmt noch daran, welche Früchte wir gesammelt haben, damit Mutter daraus Marmelade oder auch Gelee kochte. Das waren Brombeeren, deren Ranken beim Pflücken immer mit einem Spazierstock vom Opa zurückgehalten wurden, Himbeeren, die besonders an den Waldrändern wuchsen, Blaubeeren und natürlich Holunder. Daraus machten die Mütter Saft gegen Erkältung und Gelee. Auch Brombeeren wurden nicht zu Marmelade, sondern zu Gelee verarbeitet, weil man sonst dauernd diese Kerne zwischen den Zähnen hatte. Diese Geleezubereitung, das war ein ganz spezielles Ritual. Da wurden die Brombeeren oder auch Holunder, manchmal auch Himbeeren, in einen Topf gekippt und mit Wasser bedeckt. Das Ganze ließ man aufkochen. In der Zwischenzeit wurde ein Hocker mit den Beinen nach oben auf den Küchentisch gestellt. Dann nahm Mutter eine alte Stoffwindel und spannte sie zwischen die vier Beine, an denen die Zipfel festgeknotet wurden. Unter die Windel wurde eine Schüssel gestellt. Wenn die Früchte aufgekocht waren, wurden sie nach und nach auf diese gespannte Windel gekippt, so dass der Saft durch den Stoff in die Schüssel tropfte.

Eine wirklich geniale Idee, die allerdings mit den heutigen Pampers nicht mehr erfolgreich umgesetzt werden kann. Ich sage ja: Die gute alte Zeit ...!

Was dann mit dem Saft geschah, um daraus Gelee zu machen, weiß ich nicht so genau. Da kennen sich nur die Frauen richtig aus. Ich weiß nur noch, dass die Gläser, wenn alles fertig war, mit Einmachpapier verschlossen wurden, das durch einen Gummiring gehalten wurde. In manchen Familien spielten auch Opekta-Tropfen beim Einkochen noch eine Rolle, aber welche, das weiß ich nicht. Ich war ja auch – was niemanden wundern wird – als Kind kein Mädchen, sondern ein Junge! Eingekocht wurden übrigens natürlich auch Äpfel, Pflaumen, Sauer- und Süßkirschen, Birnen und Apfelmus; wenn man Glück hatte auch Päßken. Das sind die kleinen Pfirsiche, die es nur im Münsterland gibt. Bei den Bauern wurde auch Fleisch eingekocht. Zum Einkochen gab es ein ganz spezielles Gerät. Das war ein großer emaillierter Topf mit einem herausnehmbaren Einsatz. Das war so ein Teil mit einem durchlöcherten Boden und einer Stange in der Mitte, die oben einen Ring zum Anfassen hatte. Rings um diese Stange wurden fünf oder sechs Einmachgläser gestellt und dann in den Topf versenkt, in dem bis zu einer Höhe von etwa 15 cm kochendes Wasser war. Oben kam ein Deckel drauf. Daran war ein Thermometer befestigt, um die Temperatur zu kontrollieren und ein Überdruckventil, um Explosionen zu vermeiden. Dann musste der Topf eine bestimmte Zeit auf dem Küchenherd bleiben, und danach waren die Gläser wie durch ein Wunder verschlossen. Später wurde auch im Herd eingekocht, aber das habe ich noch weniger begriffen und kann es Euch deshalb auch überhaupt nicht erklären.

Woran ich mich aber noch genau erinnere, ist, dass dann, wenn man die eingekochte Marmelade essen wollte, häufig Schimmelflecken, die farblich von weiß bis grün variierten, die oberste Schicht der Marmelade oder des Gelees zierten. Die wurde dann äußerst sparsam mit dem Messer entfernt, bevor wir uns unsere Brote schmierten. Solche Marmeladenbrote gab es in der Regel morgens zum Frühstück und zwar in der Woche und auch sonntags. Zur Abwechslung stand aber auch meistens noch Rübenkraut auf dem Tisch, das bei uns Sirup hieß. Zu besonderen Anlässen gab es auch mal Honig, allerdings nicht nur den von den Bienen, sondern auch Kunsthonig. Der hatte meistens so kleine Klümpchen drin, die man lutschen konnte. Wahrscheinlich von BASF, aber trotzdem lecker! Ab und zu aßen wir Brote mit Zucker oder auch mit Schmant. Das war dieses Zeug, dass sich oben auf der gekochten Milch bildete, wenn man sie nicht umrührte. Könnte und wollte ich heute niemals mehr essen!

Die Schicht zwischen Brot und Aufstrich trug entweder den Namen „Sanella", „Rama" oder „Münsterland"; in allen drei Fällen handelte es sich um Margarine. Im Gegensatz dazu gab es die „gute Butter", die bei den meisten von uns aber eher die Ausnahme war, weil sie deutlich mehr kostete als Margarine. Auch zum Abendbrot wurden im Regelfall Stullen geschmiert, aber nicht mit Schinken, Kassler oder ähnlichen Köstlichkeiten, sondern mit Leberwurst und Braunschweiger. Ab und zu gab es auch Salami, die bei uns Plockwurst hieß, Zervelatwurst und auch Kinderwurst. Beliebt waren im Sommer auch Tomatenbrote. Man schmierte sich ein Margarinebrot, schnitt eine Tomate in Scheiben, die man auf das Brot legte und würzte mit Zwiebeln, Pfeffer und Salz. Fast hätte ich den berühmten Schmierkäse von Velveta von der Firma Kraft vergessen, der immer so schlecht aufging.

Ach ja, und ich wollte ja auch noch ein bisschen davon erzählen, was wir eigentlich getrunken haben. Morgens war das heiße oder kalte Milch, je nach Jahreszeit; an besonderen Tagen gab es Kakao. Als wir älter waren, stand auch noch Malzkaffee auf der Getränkekarte, meistens von Kathreiner oder dieser Muckefuck von Lindes in der weißen Packung mit den blauen Punkten. Später kam noch Caro-Kaffee dazu. Bohnenkaffee war nur für die Erwachsenen, und es gab ihn nur sonntags oder zu speziellen Anlässen. Daher kommt die Formulierung: Jetzt mache ich uns erst einmal eine richtig gute Tasse Kaffee.

Abends wurde meistens Pfefferminztee getrunken, der bei uns auch im Garten wuchs. Ich meine natürlich nicht den Tee, sondern die Pflanzen. Die wurden im Sommer abgeschnitten, gebündelt und mit dem oberen Ende nach unten auf dem Dachboden zum Trocknen aufgehängt. Nach und nach wurden dann diese getrockneten Bündel in die Küche geholt. Dort wurden die Blätter abgestrippt und kamen in eine Dose. Zum Teekochen wurden die Pfefferminzteeblätter in die Kanne getan und mit heißem Wasser aufgebrüht. Nach einer Weile wurde der Tee durch ein Sieb in die Tasse geschüttet. Manchmal flutschten dabei auch Blattreste durch, und ich weiß heute noch, wie sich so ein Blattrest auf der Zunge anfühlte. Außer Milch und Kaffee tranken wir im Sommer selbst gemachten Himbeersaft, der stark mit Wasser verdünnt wurde und natürlich in großen Mengen Leitungswasser der Marke „Kranberger". Niemand hatte damals eine Kiste Mineralwasser oder sogar gelbe oder weiße Brause im Keller, von Coca-Cola ganz zu schweigen. Das kam erst viel, viel später. Da gab es dann mal Sinalco oder im Münsterland auch „Vorlo", der sogar ins Haus gebracht wurde. Auch für die Väter stand die heute übliche Kiste Bier nicht im Keller. Bei besonderen Anlässen wurden die Kinder in den Laden um die Ecke geschickt und kauften dort zwei oder drei Flaschen. Manchmal holte man das Bier auch in der Kneipe nebenan, weil es dort gekühlt war. Es waren alles Flaschen mit Schnappverschluss, so wie heute das „Flensburger", aber nicht 0,33 Liter, sondern 0,5. Es wurde unterschieden zwischen Pils und Export. Meistens wurde Export getrunken, weil es billiger war. Vor dem Einkauf wurde man darauf hingewiesen, nur braune Flaschen zu kaufen, weil sich damals das Gerücht hartnäckig hielt, dass grüne Flaschen nicht so lichtbeständig wären und deswegen das Bier schnell „einen Schlag kriegen würde."

Die Mütter tranken nach einem Kaffeekränzchen oder bei anderen besonderen Anlässen schon mal einen Aufgesetzten. Der wurde aber nicht gekauft, sondern selbst gemacht. Meine Frau beherrscht diese Kunst heute noch. Dazu werden selbst gesammelte Früchte, vorzugsweise Schlehen, Brombeeren und Himbeeren oder aus dem Garten schwarze und rote Johannisbeeren oder Sauerkirschen in eine Flasche getan, die zu einem Drittel gefüllt wird. Dann kommt Kandiszucker dazu, je nach Bedarf ebenfalls bis zu einem Drittel, und das Ganze wird mit klarem Korn aufgefüllt. Die Flaschen werden dann an einem nicht zu dunklen Platz stehend aufbewahrt und einmal pro Tag so lange auf den Kopf gestellt bis die Früchte oben sind. Wenn die Flüssigkeit in etwa die Farbe der Früchte angenommen hat, ist der Schnaps fertig. Einige schütten ihn dann in eine andere Flasche um, damit er nicht zu stark wird. In meiner Kindheit wurde darauf verzichtet, vielleicht, weil man so länger mit einer Flasche hinkam, denn die Wirkung war natürlich eine andere. Das kann ich aus eigener Erfahrung bestätigen ...! Meine Frau hat nicht nur die Methode meiner Mutter zur Schnapsherstellung, sondern auch den Verzicht auf das Umschütten übernommen, was von unseren Freunden und von mir ausgesprochen geschätzt wird.

Aber ich will ja kein Buch über Cocktail-Mischungen schreiben, sondern über unsere Kindheit und deswegen will ich doch noch etwas mehr von unserer nicht immer freiwilligen Sammlerleidenschaft erzählen, bevor ich zum nächsten Thema komme.

Wir suchten nämlich nicht nur Beeren, sondern auch Bucheckern und Pilze, um die Speisekarte aufzubessern. Die Bucheckern wurden zu Pfannkuchen verarbeitet, und Pilze gab es in allen Varianten.

Neben den Früchten aus Wald und Flur spielten natürlich eigene Obstbäume oder die der Verwandten eine wichtige Rolle und alles, was man im Garten selbst anbauen konnte. Ich kann mich nicht erinnern, dass irgendwelche Früchte oder Gemüse auf dem Markt oder gar im Geschäft gekauft wurden. Es wuchs alles im eigenen Garten, Salat, Blumenkohl, Rotkohl, Wirsing, aus dem man eine bei Kindern nicht sehr beliebte Kohlroulade machte und natürlich Erbsen und Möhren. Radieschen wurden geerntet, Gurken, Kohlrabi und alle Sorten von Bohnen, auch die gelben, die im Salat immer solche Fäden hatten. Nicht vergessen dürfen wir Stielmus, Grünkohl, Zwiebeln und Lauch, der im Münsterland Porree heißt und Rote Beete und Tomaten. Also, im Sommer stand die ganze Bandbreite zur Verfügung. Dazu kamen Äpfel, Birnen, süße Kirschen, Sauerkirschen, manchmal sogar Pfirsiche und natürlich Johannis- und Stachelbeeren. Aus den Beeren wurde aber nicht nur Marmelade, sondern auch Aufgesetzter gemacht. Für diese Art von Schnaps eigneten sich übrigens auch Schlehen ganz vorzüglich.

Wer einen großen Garten hatte, der baute auch Erdbeeren und Kartoffeln an. Was in keinem Garten fehlte, war Rhabarber, und zwar der grüne und der rote. Wir haben den in unserer Kindheit auch roh gegessen. Die Haut wurde mit den Fingern, später mit dem Taschenmesser abgezogen, und dann hat man sich diese süßsauren Stangen schmecken lassen. Heute erzählt man, dass roher Rhabarber giftig sei. Schon wieder ein Beweis dafür, dass es ein Wunder ist, dass wir noch leben!

Im Winter war der Speiseplan schon weniger üppig. Die Kartoffeln fingen im Keller an zu keimen und waren spätestens ab Januar gar nicht mehr richtig hart. Zur selben Zeit sahen auch die Äpfel aus wie, na wie soll ich sagen, wir sind ja jetzt auch alle zwischen 60 und 70, und da bleibt die eine oder andere Runzel eben nicht aus!

Aber wir haben auch diese ziemlich vitaminlosen Zeiten gut überstanden, wahrscheinlich, weil wir im Sommer durch das ständige Draußen-Sein einen entsprechenden Vorrat gebunkert hatten.

Die Küche

Bevor ich Euch von der äußeren Schönheit, den Klamotten und Frisuren etwas erzähle, möchte ich dem Raum, der in unserer Kindheit und Jugend eine ganze besondere Bedeutung hatte, ein eigenes kleines Kapitel widmen, nämlich der Küche.

Sie war der Mittelpunkt unseres Lebens und dafür gab es viele Gründe. Der erste und wichtigste war der, dass die Küche das Reich unserer Mütter war, die immer für uns da waren, weil die berufstätige Frau eigentlich noch nicht erfunden war. Selbstverwirklichung war damals offensichtlich auch in den eigenen Wänden möglich, vielleicht aber manchmal auch nur deshalb, weil unsere Mütter es von ihren Eltern und Großeltern nicht anders kannten...?!

Egal, jedenfalls war Mutter in der Küche, und das war für uns auch gut so.

Der zweite Grund lag darin, dass das Wohnzimmer nur für sonntags und besondere Anlässe war und auch nur dann beheizt wurde. Der Raum war eigentlich irgendwie überflüssig, wenn man von Weihnachten einmal absah. Dann stand nämlich dort der Tannenbaum, dessen Ende vor dem Aufstellen in Glyzerin getaucht wurde, damit er länger hielt, wie man so sagte. Geschmückt wurde er mit Kugeln, Lametta und Kerzen, die in so Halterungen steckten, die man nur sehr schwer waagerecht an den Zweigen befestigen konnte. Das Lametta war meistens silbern und wurde in vielen Familien quasi einzeln über die Zweige gehängt. Beim Abschmücken des Baumes wurden die Lametta-Streifen eingesammelt und in der Weihnachtskiste fürs nächste Jahr aufgehoben. Oben wurde eine Christbaumspitze aufgesteckt, die bei uns silbern war und an allen vier Seiten so kleine Dellen oder Einbuchtungen hatte.

Am Baum hingen Wunderkerzen, deren Enden man umgebogen hatte, damit sie nicht runterfielen. Dazu kamen selbst gebastelte Strohsterne. Wisst Ihr noch, wie man diese Halme vorher durchgeschnitten hat und sie von Mutter dann glatt gebügelt wurden?

Das Wichtigste für uns Kinder aber waren die Süßigkeiten, die am Baum hingen. Da gab es diese bunten Päckchen aus kleinen Schokoladentafeln und viele Köstlichkeiten, die mit Melba oder etwas Ähnlichem gefüllt waren und häufig aus zwei Teilen bestanden, wenn man sie auspackte. Ich seh sie vor mir, diese Tannenzapfen, Pilze und Kugeln. Besonders lecker waren auch die Fondantkringel, die waren mit schwarzer Schokolade überzogen und noch mit so kleinen bunten Zuckerperlen bestreut. (Nicht zu verwechseln mit diesen Liebesperlen, die es in so kleinen Nuckelflaschen zu kaufen gab, besonders auf der Kirmes.)

Nach der Bescherung am Heiligabend war der Tag für uns am schönsten, an dem der Baum abgeschmückt wurde. Bei uns hieß das Plündern. Dann wurden die letzten süßen Köstlichkeiten ihrer eigentlichen Bedeutung zugeführt, nämlich unseren Mündern und Bäuchen.!

Wie kam ich eigentlich darauf? Ich wollte doch von der Küche erzählen...

Der dritte Grund für die besondere Bedeutung der Küche lag darin, dass die meisten von uns kein eigenes Zimmer hatten und die Küche der einzige Raum für uns war, wenn man nicht draußen sein konnte.

Wir machten unsere Schularbeiten in der Küche und konnten Mutter immer fragen, wenn wir etwas nicht wussten. Im Gegenzug mussten wir natürlich den Nachteil in Kauf nehmen, dass Mutter immer mal schnell ein Auge auf die Tafel werfen konnte und Wasser für den Schwamm gab es ja in der Küche leider auch....

Gespielt wurde natürlich auch in der Küche, besonders am Küchentisch. Heute würde man so ein Möbelstück als einen multifunktionalen Einrichtungsgegenstand von hoher sozialer Bedeutung bezeichnen.

Mutter bereitete auf dem Tisch das Essen vor, sie legte dort die Wäsche zusammen, und wenn sie stopfte, saß sie auch am Küchentisch, weil sie dort, wie sie immer sagte, das beste Licht hatte.

Wenn Mutter bügeln musste, wurde zuerst eine alte Wolldecke auf den Tisch gelegt; bei uns kam die aus dem Reichsarbeitsdienst, trug in der Mitte die drei Buchstaben RAD und hatte einige dunkelbraune Flecken in der Form eines Bügeleisens. Keine Ahnung woher das kam; die Decke benutzten wir übrigens auch in der Badeanstalt, wie ihr später noch genauer erfahren werdet. Auf die Decke wurde noch ein altes Bettlaken gelegt, bevor Mutter das schwere Bügeleisen in die Hand nahm. Das war nicht nur 5 x so schwer wie die heutigen Modelle, sondern hatte natürlich weder einen Schalter für die verschiedenen Materialien noch diese heute übliche Dampffunktion. In unserer Kindheit wurde die Wäsche eingesprengt.

Unser Küchentisch war besonders pfiffig, weil er über zwei Spülschüsseln verfügte. Man konnte vorne so einen Unterbau rausziehen, in den zwei Schüsseln eingelassen waren. Die hatten links und rechts so eine Art Ohren. Die Schüsseln wurde hochgehoben, dann ein bischen gedreht und mit Hilfe dieser Ohren in einer erhöhten Position gehalten, damit Mutter sich beim Spülen und Abtrocknen nicht so bücken musste.

In die eine Schüssel wurde das Wasser gefüllt, das man auf dem Herd heiß gemacht hatte, und kaltes Wasser nachgegossen bis man reinfassen konnte. Habt Ihr Euch auch gewundert, in was für heißes Wasser Mütter fassen können? Meine Frau scheint das geerbt zu haben..

In der einen Schüssel wurde das schmutzige Geschirr gespült, in der anderen tropfte es ab und wurde dann zum Abtrocknen rausgenommen. Dieses Spülwasser, das sehe ich auch noch vor mir, und wie der Lappen roch, weiß ich auch noch. Wenn die Spülerei fertig war, hätte das Wasser manchmal noch für eine kräftige Suppe gereicht und zwar mit Einlagen, wenn ich daran denke, was in dieser undurchsichtigen Brühe alles so rumschwamm. Auch dieses Spülwasser hat uns nicht geschadet und ist ein weiterer Beweis dafür, dass unsere Generation etwas Besonderes ist!

Ja, das wollte ich Euch doch noch erzählen, wie das damals mit der Küche war, in der man, vor allem, wenn es draußen früh dunkel wurde, auch gesessen und Spiele gemacht hat. „Mensch ärgere Dich nicht", „Fang den Hut", Floh-Spiel" – dafür musste die Wolldecke auf den Küchentisch, weil man sonst nicht richtig drücken konnte – Mikado und natürlich auch alle Arten von Quartett. Das mit den Pilzen ist mir irgendwie besonders in Erinnerung geblieben. Ja, ja, die Erinnerungen, der Küche gebührt darin ein ganz besonderer Platz!

Die äussere Schönheit oder Kleidung und Frisuren

Heute liest man zwar in den Zeitungen und sieht bisweilen auch Bilder von der Mode in den 50er und 60er Jahren, aber die war offensichtlich für Menschen, die in einer anderen Welt lebten als die meisten von uns.

Zweckmäßigkeit, Haltbarkeit, Vererbbarkeit und Preis waren die entscheidenden Kriterien für die Kleidung, die die meisten von uns bekamen.

Wir sind jahrelang in vererbten Schuhen herumgelaufen und wenn wir überhaupt mal ein paar neue Treter bekommen haben, dann haben wir uns im Salamander Schuhgeschäft mit nicht nachlassender Begeisterung unsere einzelnen Fußknochen in einem grünen Röntgenapparat angeschaut. Erst später haben wir begriffen, dass dies nicht geschah, damit die Schuhe exakt passten, sondern vielmehr um sicherzustellen, dass sie auch lange genug passten. Der Begriff der „Strahlenbelastung" fiel nach meiner Erinnerung in diesem Zusammenhang nicht. Zur Belohnung, dass wir das Aussuchen so lange ausgehalten hatten, gingen wir in unseren alten Schuhen, aber ausgestattet mit einem neuen Lurchi-Heft nach Hause. Die neuen Schuhe kamen in den Schrank, weil sie ja für einen noch nicht näher bezeichneten Zeitraum erst mal nur für sonntags waren. Mit den Anziehsachen ging es uns ähnlich. Die modemäßige Selbstverwirklichung spielte in diesem Zusammenhang eher eine untergeordnete Rolle. Wenn man nicht das einzige Kind war und auch nicht das erste, musste man eigentlich ausschließlich gebrauchte Sachen auftragen, wobei es den Eltern aus uns damals nicht nachvollziehbaren Gründen grundsätzlich nicht so wichtig war, ob das Geschlecht von Vorgänger und Nachfolger übereinstimmte. Auch die Größe der Sachen war nicht so wichtig. Sie mussten nur in etwa passen. Farbe, Schnitt oder Machart waren eigentlich egal, Hauptsache warm, wenn es für den Winter war oder luftig, wenn wir die Sachen im Sommer anzogen. Wir sahen wahrscheinlich ziemlich uncool aus, nur wussten wir es nicht, weil das Wort noch nicht erfunden war. Gab es mal etwas Neues, wie z.B. bei mir eine Lederhose mit Trägern, einem Hirschhornbesatz in der Mitte und Messertasche an der Seite, dann wurde die Größe auf die Zukunft ausgewählt. Ich habe meine Lederhose von meinem 10. bis zu meinem 18. Lebensjahr getragen. Am Anfang waren die Hosenträger im ersten, also im obersten Loch, so dass vorne lange Zipfel hingen, die dazu verführten, darauf herumzukauen. Mütter fanden das nicht so witzig, aber die Konsequenzen musste man ja selbst tragen, weil es trotz dieser verbissenen und bisweilen aufgeweichten Enden natürlich keine neuen Hosenträger gab. Wenn die Hose dann so langsam richtig passte, waren die Hosenträger eine Zeit lang im letzten Loch bis man das Glück hatte, einen Gürtel zu bekommen. Bei manchem war das einer von den Pfadfindern, bei dem man als Gürtelschloss eine metallene Lilie ineinander hakte. Das Wichtigste bei diesem ledernen Kleidungsstück war für die meisten Jungen, dass sie aus rauem Naturleder und nicht aus diesem komischen grünen glatten Leder gemacht war. Eine richtige Lederhose musste speckig sein, und wenn man die Hände daran abwischte, musste genau zu sehen sein, was man abgewischt hatte. Das war wohl auch der Grund, warum man mit der Lederhose zu Hause nicht auf dem Sofa sitzen durfte. Die Küchenstühle aus Holz waren die einzigen genehmigten Sitzgelegenheiten für Lederhosen und auch nur dann, wenn das Stuhlkissen hinten an den beiden Bändchen runterhing.

Manche Jungen trugen die Lederhose auch im Winter und hatten dann unter dem Hemd ein Leibchen mit Strapsen an. Diese Art von Strapsen hatten nur ganz bedingt etwas gemein mit den

Dessous-Varianten, die wir in unserem späteren Leben bisweilen in den Schaufenstern von erlesenen Geschäften bewunderten ..., sondern dienten lediglich zur Befestigung von langen braunen Strümpfen. Das muss ganz schrecklich gewesen sein und ist mir Gott sei Dank erspart geblieben. Von meiner Frau weiß ich, dass bei diesem Strapsenmodell in der Kinderversion der 50er und 60er Jahre unten ein Nüppelchen war, über das der Strumpfrand geschoben wurde, den man dann mit einer Metallöse befestigte, die man sozusagen auf den Gumminüppel klickte. Diese Gumminüppel waren teilweise echte Nachkriegsware und scherten ab. Das war bei weitem kein Grund, neue Strapse oder gar ein neues Leibchen zu kriegen, sondern man fertigte sich selbst einen Nüppelersatz, und das ging so: Man kaute eine wohl dosierte und auf Erfahrungswerten beruhende Menge Lösch- oder Zeitungspapier, formte daraus ein festes Kügelchen und ersetzte damit – zumindest für den jeweiligen Tag – den Nüppel. Es galt also vielfach das Motto: Neuer Tag, neuer Nüppel.

Die schlimmste Form der langen Strümpfe waren die aus Schafswolle, weil sie an Kratzigkeit nicht zu überbieten waren. Als ich kürzlich darüber mit einem Freund sprach, der zu den „Schafswollstrümpfenträgern" gehörte, fing der allein bei der Erinnerung daran an sich zu kratzen. Da mussten wir doch beide grinsen!

Meine Winterbekleidung war so ein pludrige Trainingshose, die bei „Nike" oder „Adidas" sicherlich kein Verkaufsschlager gewesen wäre, aber immer noch besser als diese kratzigen braunen Dinger und dazu die genauso braunen „hohen Schuhe". Ich weiß von Klassenkameraden, die in der Bauernschaft wohnten und fünf oder mehr Kilometer mit dem Rad zur Schule fuhren, dass sie am Hoftor heimlich die Strümpfe herunterkrempelten, und selbst bei Minustemperaturen mit nackten Beinen fuhren, weil sie sich so schämten. Die kamen dann in der Schule mit blauroten Beinen an und mussten am Kanonenofen erst einmal aufgetaut werden. Das war ihnen aber dreimal lieber als vor den anderen Jungen und vor allem vor den Mädchen mit solchen Strümpfen gesehen zu werden. Im Schulbus hätte man natürlich auch in kurzer Hose fahren können, aber diesen Luxus gab es auch noch nicht. Das hatte aber auf der anderen Seite den Vorteil, dass man sofort nach Schulschluss abhauen konnte, statt an der Haltestelle rumzuhängen. Außerdem konnte man auf dem Nachhauseweg auch noch einen kleinen Umweg machen, wenn man wollte. Am Anfang führten diese Umwege zu Freunden, später waren auch mal „lange Haare" die Gründe für diese Schlenker. Stichwort „lange Haare": Die Mädchen mussten so ungefähr bis zum vierten Schuljahr häufig eine Schürze zum Kleidchen tragen, was nach meinem eher dürftigen Kenntnisstand, weil ich keine Schwester hatte, auch nicht besonders beliebt war.

Wir hatten damals Alltags- und Sonntagsklamotten. Häufig war es so, dass die Sonntagssachen später zu Schulsachen runtergestuft wurden, aber einige waren dafür offensichtlich zu schade. Die sind dann im Laufe der Zeit einfach zu klein geworden. Das war aber auch kein Problem, weil es in der Verwandtschaft oder Nachbarschaft immer noch einen Jungen gab, dem die Sachen passten. An eine Sonntagshose erinnere ich mich noch genau, und das wird vielen nicht anders gehen. Es war eine Bleylehose. Sie war dunkelblau und hatte keinen Umschlag, was irgendwie mädchenmäßig aussah. Die Hose hatte an beiden Seiten eine Reißverschlusstasche; die Reißverschlüsse hatten statt dieser üblichen Dinger zum Ziehen kleine Metallkugeln, die an gedrehten Drähten hingen. Dadurch wurde der fehlende Umschlag etwas ausgeglichen!

Beliebte Kleidungsstücke für sonntags waren auch selbst gestrickte Parallelos in allen Farben. Warum die so hießen, weiß ich nicht. Meistens waren sie irgendwie quergestreift, was ja grundsätzlich eher dick macht. Bei uns war das egal, weil wir ja fast alle zu dünn waren. Bei den Farben war das schon anders. Die hingen meistens davon ab, ob Mutter oder Oma den Parallelo gestrickt hatte. Es war nicht immer einfach zu akzeptieren, wenn Oma für den Jungen etwas schön fand, was der nur bedingt nachvollziehen konnte. Wenn Klassenkameraden dazu auch noch entsprechende Kommentare abgaben, war das nicht immer wirklich witzig. Mit den selbst gestrickten Pullundern, im Münsterland „Plunder" aus-gesprochen, war es genau so, nur dass bei denen wenigstens die Ärmel nicht quer gestreift sein konnten, weil die ja keine hatten!

Wie gesagt, eigentlich müsste das traumatisch gewesen sein, aber vielleicht kommt es ja noch, und wir finden uns wegen der kratzenden Wolljacken und langen braunen Strümpfen und zu großen oder zu kleinen geerbten Klamotten alle noch einmal auf der Ledercouch wieder. Vieles soll ja erst ausbrechen, wenn man durch den Beruf nicht mehr abgelenkt wird. Also: Altersgenossen, aufgepasst, könnte bald so weit sein!

Ähnlich wie mit den Klamotten war es auch mit der Frisur. Am ärmsten waren die von uns dran, denen zu Hause die Haare geschnitten wurden. Es gab allerdings nur noch wenige, denen ein Topf aufgesetzt wurde, um den dann einfach herumgeschnit-ten wurde, und auch ein Haarstil wie ihn vor einigen Jahren ein-mal der brasilianische Fußballstar Ronaldo demonstrierte, so mit einem Resthaarteil vorne auf dem Kopf, musste nur in Ausnah-mefällen noch ertragen werden. Spätestens so im vierten Schul-jahr oder bevor man als Sextaner auf die Penne kam, gingen die meisten von uns zu einem richtigen Friseur. Ich sollte vielleicht besser sagen: Wurden die meisten von uns zu einem richtigen Fri-seur geschickt. Gefallen hat das nämlich keinem. Das fing schon damit an, dass es beim Friseur meistens voll war; erst später habe ich begriffen, dass das mit dem Lesezirkel zusammenhing, den Illustrierten, die man da kostenlos studieren konnte. Man kriegte häufig keinen Platz, und dann drängten sich auch noch die alten Männer vor. Man musste sich dann so Sprüche anhören wie: „Der Junge hat bestimmt noch Zeit oder musst Du Deine Schularbeiten noch machen?" Geraucht wurde natürlich beim Friseur auch und nicht nur von den Kunden, sondern auch der Friseur ließ sich seine filterlose Zigarette schmecken. Zwischen zwei Zügen wurde sie in einem ausgesprochen geschmackvollen Kristallaschenbecher abgelegt und dem Kunden dann der Rauch um die Ohren geblasen. Das sollte sich heute mal ein Coiffeur erlauben; die Protestschreie würde man bis auf die Straße hören.

Wenn man endlich an der Reihe war, wurde erst der Sitz umgedreht, damit man sozusagen nicht auf der Hinternhitze des Vorgängers saß. Wenn man für diesen Sitz, den man mit einem Fußhebel hochpumpen konnte, noch zu klein war, wurde über die Armlehnen ein Holzbrett gelegt, auf dem man praktisch völlig unbeweglich sitzen musste. Dann kriegte man zunächst einen „Kragen" um den Hals geknotet, bei dem es sich um eine Mischung aus Klo-und Krepppapier handelte. Anschließend wurde dem Delinquenten ein großes weißes Tuch umgehängt, das einem hinten so fest in den Kragen gestopft wurde, dass einem manchmal die Luft wegblieb. In der Zeit, in der der Friseur seine Utensilien zusammensuchte, erkundete man im Spiegel erst mal unauffällig seine Nachbarn. Die bekamen in der Regel alle Fassonschnitt, mussten es aber gar nicht sagen, sondern nur nicken, wenn der Friseurmeister fragte: „Wie immer Herr Schollbrock, auf dem Kopf etwas voller und an den Seiten nicht zu kurz?" Den alten Männern wurden mit einer langen spitzen Schere auch noch die Haare in den Ohren und in den Nasenlöchern geschnitten; natürlich allen mit derselben Schere. Was man sich da heute alles für Gedanken macht ... Während man noch darüber nachdachte, warum alte Männer Haare in Ohren und Nase haben und sich ein bisschen vorstellte, ob das mal bei einem selbst später auch so sein könnte, wurde man durch die knappe Frage: „Und Du, mein Junge, auch wie immer?" in die Wirklichkeit zurückgeholt. Der Friseur griff nach einer Haarschneidemaschine, die zur Stromversorgung an einem Rädchen über einen Draht lief, an dem sie hing und auf diese Weise an allen „Behandlungsstühlen" zum Einsatz gebracht werden konnte. Der Friseur hatte die Möglichkeit, verschiedene Aufsätze für die Maschine zu gebrauchen, die alle noch deutliche Haarspuren der vorherigen Kunden aufwiesen. Je nach Aufsatz, wurde man entweder in einem Arbeitsgang ziemlich kahl geschoren oder so nach und nach.

Die Haarschneidemaschine hielt der Friseur in der einen Hand und fuhr damit am Kopf rauf und runter, während er mit der anderen, die meistens sehr kalt war, den Kopf ständig in die unterschiedlichsten und für ihn genehmen Richtungen drückte. In der jeweiligen Kopfposition musste man dann unbeweglich verharren bis der große Meister unser Haupt in eine andere Richtung drückte.

Mit dem Schneiden der Haare begann auch die Fragerei des Friseurs. Man wurde regelrecht ausgequetscht und nach Hinz und Kunz gefragt. Heute weiß ich, dass so ein Friseurladen auch eine Nachrichtenbörse und vor allem eine erstklassige Gerüchteküche war. Ich erinnere mich, dass ich zum zigsten Mal gefragt wurde, was ich denn mal werden wolle. Und weil ich einfach keine Lust mehr hatte zu antworten, sagte ich: „Raubmörder" und fügte gleich noch an: „Und Du bist als erster dran!" Hätte ich bloß nichts gesagt; denn diese Geschichte wurde danach mindestens bis zu meinem 18. Lebensjahr vom Friseur jedes Mal zum Besten gegeben, wenn ich sein Geschäft betrat. Auf der Untertertia lernte ich den weisen Spruch: „Si tacuisses philosophus mansisses." Für meinen Friseurbesuch kam diese Erkenntnis leider zu spät!

Wenn der große Meister sein Werk fast vollendet hatte, und ich gar nicht mehr in den Spiegel schauen mochte, weil an der Seite wieder alles weg war und er mir vorn wieder so einen schrägen Pony geschnitten hatte, kam der unheimlichste Teil der Prozedur. Der Friseur zog den weißen Umhang hinten aus meinem Hemd. Dann nahm er aus so einer Vertiefung neben dem Waschbecken einen Rasierpinsel mit dem Restschaum des Vorgängers, streifte ihn am angewinkelten Zeigefinger ab und schmierte mir die Seife im Bogen oben um die Ohren, links und rechts am Hals lang und um den Nacken. Obwohl man praktisch kaum eingeseift war, klappte er dann ein langes Messer auf, schärfte es, wie auch immer, an so einem braunen Lederteil und begann diese Restseife mit dem Messer abzuschaben. Davon bekam man eine fürchterliche Gänsehaut, vor allem, wenn er mit dem Messer den Hals entlang streifte. Manch einer fürchtete dabei um sein Leben! Besonders schlimm war es an den Ohren. Die zog er praktisch mit einer Hand vom Kopf ab und rasierte dann mit dem Messer oben um das Ohr herum. Das klappte nicht immer ohne Blutvergießen. Aber dagegen hatte er so einen Stift, mit dem er den Blutfluss stoppte. Dieser brennende, fast ätzende Wunderstift war natürlich nicht nur für mich, sondern für all seine Opfer! Der geneigte Leser wird doch wohl jetzt nicht an Aids denken ... ?

Es folgte sein Auftritt mit dem Spiegel, den er hinter den Kopf hielt, um die immer gleiche Frage zu stellen: „Ist es so recht?" Es sah schrecklich aus, wie immer, aber es war wenigstens vorbei, besser gesagt: Fast vorbei. Zum Schluss griff er von hinten mit beiden Händen den weißen Umhang, faltete ihn vorn ein Mal und zog ihn dann zur Seite weg, wo er ihn ausschüttelte. (Er wurde natürlich beim nächsten Kunden wieder verwandt; es lebe die Hygiene!) Dann griff er nach einem breiten, sehr borstigen Pinsel, fuhr einem damit hinten ins Hemd, dessen Kragen er mit zwei Fingern zu sich gezogen hatte, und einmal rund um den Hals. Ich habe den Friseur für all seine Rituale gehasst. Zum Schluss pustete er noch die scheinbar letzten Härchen weg und hatte sein Werk vollendet. Man stand auf, und in diesem Moment rutschten unzählige abgeschnittene kleine Härchen, die dem Bürsten und Pusten des Friseurs widerstanden hatten, endgültig überall ins Unterhemd. Unter diesem Aspekt ging man am besten Freitagnachmittag zum Friseur, weil ja nur einmal in der Woche und zwar am Samstag gebadet wurde. Aber das ist ein neues Thema.

Wirklich zu Ende war so ein Friseurbesuch erst, wenn man am nächsten Tag in die Schule ging. Vorher war zu Hause noch abzuwehren, dass man nicht diesen schrägen Pony auch noch mit einem Klämmerchen befestigen musste. War das bei Mutter nicht durchzusetzen, hielt das Klämmerchen exakt bis zum Gartentörchen, dann verschwand es in der Hosentasche.

In der Schule fiel man mit so einem radikalen Haarschnitt natürlich auf und musste sich auch die Sprüche der Klassenkameraden anhören. Der damals geläufigste war: „Du siehst aus wie ein abgeleckter Heringsschwanz." Das war nur in der Gewissheit zu ertragen, dass es lediglich eine Frage der Zeit war bis die Haare nachwuchsen – damals klappte das ja noch ... – bzw. bis ein anderes Opfer morgens früh frisch geschoren in der Schule erschien.

KÖRPERPFLEGE, HYGIENE UND GROSSE WÄSCHE

Wenn wir uns in unserer Kindheit und Jugend so oft geduscht hätten wie heute, wäre unsere Haut vielleicht an einigen Stellen schon durch.

Die wenigsten von uns hatten ein Badezimmer oder eine eigene Toilette für die Familie. Man konnte ja schon froh sein, wenn man sich das Klo nur mit Verwandten teilen musste und nicht auf ein Hausklo auf dem Treppenabsatz angewiesen war. Einigen ging es noch schlechter, weil die nur ein Plumpsklo im Garten hatten. Weil die bewusste Tür normaler Weise durch ein ausgesägtes Herz gekennzeichnet war, gab es den bekannten Spruch: „Emma, steck mir Papier durchs Herz." Bei diesem Papier handelte es sich nicht um das vierlagige von „Servus", sondern um die geschnittene Zeitung der vorhergehenden Woche. Ohne weiter ins Detail zu gehen, sei nur angemerkt, dass Zeitungspapier nicht saugfähig, sondern rutschig ist ...!

Wir wohnten im Elternhaus meines sehr früh verstorbenen Vaters unterm Dach. Badezimmer und Toilette teilten wir uns mit Tante Käte, die unter uns wohnte. Diese Toilette war natürlich mit den gestylten Modellen von heute nicht zu vergleichen. Sie bestand zwar auch aus einer Schüssel und einer Brille, hatte aber noch keine Abdeckung. Der Spülkasten war nicht hinter dem Klo – Toilette sagte man ja eigentlich damals gar nicht – oder vielleicht sogar in die Wand eingelassen, sondern war oberhalb der Schüssel an der Wand befestigt und durch ein Abflussrohr mit dieser verbunden. Am Spülkasten war meistens eine Kette, manchmal auch eine Schnur mit einem Keramikgriff befestigt; in der einfachen Ausfertigung konnte er auch aus Holz sein. Dieser Griff hatte eine ähnliche Form wie ein Tannenzapfen. Wenn man an der Kette oder Schnur zog, öffnete sich der Verschluss des Spülkastens und die Schwerkraft ließ mit einem röchelnden Geräusch das Wasser durch das Abflussrohr in die Kloschüssel schießen und reinigte sie von jeder Art von Produkten. Aus der Zeit dieser Spülkästen stammte auch die Persiflage auf das deutsche Kinderlied „Alle meine Entchen", indem wir sangen: „Alle meine Entchen schwimmen im Klosett, schwimmen im Klosett, zieht man an der Strippe, sind sie alle weg."

Also, diese Toilette von Tante Käte mussten wir mangels fehlender Alternative benutzen, aber gebadet wurde in einer Zinkwanne in der Wohnung. Keine Ahnung, warum, vielleicht um eine gewisse Unabhängigkeit zu unterstreichen?!

Unsere Wanne war oval, aus Zink und hatte eine Länge von etwa 1,50 m und eine Breite von ca. 70 cm. Als wir noch sehr klein waren, wurde sie auf zwei Stühle gestellt, damit Mutter sich beim Abschrubben nicht so bücken musste. Manche meiner Schulkameraden wurden sogar in einer Schweinewanne gebadet. Das waren lange Zinkwannen, die an einem Ende rund und am anderen eckig waren. Sie hatten Füße und sahen irgendwie schräg aus. Ursprünglich wurden in diesen Wannen Schweine, nachdem sie geschlachtet und ausgeweidet waren – oder wie immer das heißt – mit heißem Wasser überbrüht, damit man danach die Borsten abschaben konnte. Wie diese Wannen zwischen dem Schweine-Abbrühen und dem Menschen-Baden „neutralisiert" wurden, ist mir nicht bekannt.

Für uns Kinder gab es beim Baden in diesen verschiedenen Ausführungen von Zinkwannen keine Unterschiede. Samstags war Badetag. Auf dem Küchenofen wurde Wasser heißgemacht und zwar im Pfeifenkessel und im größten Topf, den man hatte. Diese Küchenöfen hatten oben unterschiedliche Platten, bei denen einzelne Ringe herausgenommen werden konnten, um das Feuer direkt an den Kessel- oder Topfboden gelangen zu lassen. So konnte Wasser schneller heiß gemacht und auch insgesamt schneller gekocht werden. Diese Herde hatten auch eine große Backofenklappe. Wenn man die aufmachte, konnte man sogar seine Füße darin wärmen. Und natürlich hatten diese Öfen auch ein Ofenrohr, das unterschiedlich lang war, je nachdem, wo der nächste Kamin war. Diese Ofenrohre heizten die Zimmer zusätzlich. Sie waren entweder silbern oder schwarz gestrichen. Wenn mal neue Farbe nötig war, machte man das natürlich im Sommer, wenn das Rohr kalt war. Und trotzdem stank es, wenn sich das Rohr dann im Herbst erstmalig erwärmte immer fürchterlich nach dieser besonderen Ofenrohrfarbe.

Auf dem Küchenherd lag bei uns im Winter immer ein Wärmestein, der abends in ein altes Geschirrtuch gewickelt und ins Bett gelegt wurde. Andere Leute hatten mit Wasser gefüllte Wärmebehälter, die abends ins Bett gelegt wurden, damit sich die Eisblumen an den Fenstern nicht auch an den Füßen bildeten. Bei den Münsterländer Bauern wurde bisweilen auch heißes Wasser in leere Steinhägerflaschen gefüllt, die dann als spezielle Wärmeflaschen dienten. Dieses Verfahren hatte für die Väter den Vorteil, dass man den Steinhäger ja erst trinken musste, bevor man die Steingutflaschen zu Bettwärmern für die Kinder umfunktionieren konnte.

Aber davon wollte ich ja jetzt gar nicht erzählen. Man kommt in der Erinnerung aber wirklich von „Höcksken auf Stöcksken"! Es geht ja ums Baden.

Also: Die Wanne wurde bei uns in die Küche, bei anderen, die eine Schweinewanne hatten, in die Waschküche gestellt und mit warmem Wasser aufgefüllt. Dann kam der Moment, in dem die Reihenfolge festgelegt wurde. Das Badewasser war nämlich immer für die ganze Familie! Der erste hatte das Problem, dass das Wasser noch so heiß war, dass man nach dem Baden rot wie ein Krebs war. Aber das war, verglichen mit den Belastungen, die die nächsten Wannengäste aushalten mussten, eigentlich nicht der Rede wert. Die Nachfolger hatten nämlich zwei Probleme, die mit der Anzahl der Bade-Vorgänger zunahmen: Erstens wurde das Wasser immer lauer und zweitens wurden die „Schwebstoffe" immer zahlreicher, was eine gewisse Trübung des Wassers zur Folge hatte. Der letzte badete praktisch nicht mehr im Wasser, sondern in einer milchigen Seifenbrühe. Außerdem zierte ihn beim Aussteigen aus der Wanne ein Ring um den gesamten Oberkörper, an dem abzulesen war, wie gut sich die Bade-Vorgänger geschrubbt hatten ...!

Nach der Zinkbadewannenphase erlebten die meisten von uns den nächsten Entwicklungsschritt im Sanitärbereich, wie man heute sagen würde: Es gab ein eigenes Badezimmer mit einer eigenen Toilette. Allerdings hatte die Sache vielfach noch einen kleinen Haken, weil es unverändert nur kaltes Wasser zum Waschen gab. Wir hatten zu Hause noch das zusätzliche Handicap, dass es zwar ab 1955 ein eigenes Badezimmer mit Wanne und Toilette gab, aber aus Platzgründen fehlte das Waschbecken. Man musste sich also mit kaltem Wasser über der Badewanne waschen. Das ging dann so, dass man oben herum, wie man so sagte, nackig war und sich das vor allem im Winter eiskalte Wasser mit beiden Händen ins Gesicht und unter die Achselhöhlen schaufelte. Auf diese Weise erreichte man für den ganzen Tag einen gewissen Frischegrad, der von keinerlei Deodorant unterstützt wurde. Unten herum, um im Bild zu bleiben, wusch man sich während der Woche gar nicht. Das machte aber auch nichts, weil die Unterwäsche ja auch nicht täglich gewechselt wurde, sondern von Badetag bis Badetag, also von Samstag bis zum nächsten Samstag halten musste.

Von den Münsterländer Bauern erzählt man sich sogar, dass die nur eine Unterhose für den Sommer und eine für den Winter gehabt hätten, die am Ende der jeweiligen Trageperiode untergepflügt wurden ...! Aber das ist wahrscheinlich so ein übles von Stadtmenschen in die Welt gesetztes Gerücht, obwohl mir ein Bauer diese Geschichte erzählt hat ...?!

Mit Hemden und anderen waschbaren Bekleidungsstücken war es in unserer Kindheit und Jugend nicht anders als mit der Unterwäsche. Dafür gab es zwei Gründe: Zum einen hatte man gar nicht so viele Anziehsachen, wie man das damals nannte, und zum anderen war das Waschen ja auch nicht vergleichbar mit der heutigen Zeit. Eine elektrische Waschmaschine hatte zunächst niemand, und Trockner waren noch nicht erfunden. In der Regel gab es einmal im Monat große Wäsche. Dann musste im Keller ein runder, aus einer Art Steingut oder Beton gefertigter, teilweise mit Kupfer ausgekleideter und mit Wasser gefüllter Bottich angeheizt werden. Wenn das Wasser warm war, kam die Wäsche in den Bottich, es wurde Seifenpulver zugegeben, und dann wurden die Klamotten mit einem Wäschestampfer bearbeitet. Auf diese Weise wurden Schmutz und auch Gerüche praktisch aus der Wäsche gedrückt. Für die Mütter war das Schwerstarbeit. Ich kann mir übrigens kaum vorstellen, dass da zwischen 30° und 60° Wäsche unterschieden wurde, aber vielleicht habe ich das auch nicht mitgekriegt. Mir ist heute noch nicht klar, wie die Mütter in diesem Dampf und diesen Schwaden, die aus dem Bottich aufstiegen, überhaupt noch Luft bekommen haben. Ungelöst ist auch noch, wie und was sie in diesem selbst produzierten Nebel noch gesehen haben. Aber die eingeschränkte Sicht war vielleicht auch ganz hilfreich dafür, dass der Waschvorgang nicht noch länger dauerte ... Wenn heute aus dem Keller eines Ein- oder Mehrfamilienhauses solche Wolken aufsteigen würden, wäre es sicherlich nur eine Frage der Zeit bis diese großen roten Autos mit den Männern in den blauen Uniformen vor der Tür ständen.

Nach dem Waschen und mehrfachem Klarspülen in einer großen gemauerten Wanne wurde die Wäsche ausgewrungen. Einige

Familien hatten auch schon einen zusätzlichen Holzzuber, an dem oben zwei übereinander liegende Walzen befestigt waren. Größere Wäschestücke wurden dabei mit den Enden zwischen diese Walzen gefummelt und dann mit Hilfe einer Kurbel praktisch durchgedreht. Auf diese Weise wurde die größte Menge Wasser herausgepresst.

Trotzdem mussten natürlich alle Wäschestücke zum Trocknen auf die Leine gehängt werden, was noch einmal eine wirklich schwere Arbeit war, vor allem bei Bettwäsche und Tischdecken. Bei schlechtem Wetter und im Winter wurde im Keller getrocknet; das konnte Tage dauern. Wenn man sich im Keller mal zwischen diesen noch halbfeuchten Wäschestücken durchschlängelte, war das irgendwie richtig ein bisschen unheimlich.

Bei anderen Leuten wurde die Wäsche in der kalten Jahreszeit auf dem Dachboden getrocknet. Auch das war für die Mütter eine schwere Arbeit, weil der Korb mit der nassen Wäsche über eine in der Regel schmale und steile Treppe auf den Boden befördert werden musste. Vorher musste da oben allerdings erst mal gründlich gefegt und die Taubenscheiße beseitigt werden.

Sobald es die Jahreszeit und das Wetter zuließen, wurde die Wäsche draußen auf der Leine getrocknet. Wenn man sich zu früh für die „Frischluft-Variante" des Trocknens entschieden hatte, kam es immer mal wieder vor, dass die Wäsche beim Abnehmen teilweise steif gefroren war.

Im Sommer gab es ein anderes Problem mit dem Wäschetrocknen, und das hing damit zusammen, dass die Sonne den Anweisungen und Bitten der Mütter nicht immer Folge leistete. Da die Wettervorhersagen damals nicht zuverlässiger waren als heute – wenn auch mit erheblich weniger Aufwand und dramaturgischer Inszenierung verkündet – musste die Wäsche manchmal mehrfach wieder abgenommen und erneut wieder aufgehängt werden. Wenn endlich alles wieder im Korb lag, mussten die Mütter bügeln und zwar damals auch noch die Unterhemden und Unterhosen. Meine Mutter bügelte immer auf dem Küchentisch, auf den ein braune Decke mit den Buchstaben „RAD" – das stand für „Reichsarbeitsdienst" – gelegt wurde. Darauf kam ein altes Betttuch. Die großen Stücke, die die Mütter nicht bügeln konnten, wurden zur Heißmangel gebracht. Vorher wurden sie noch zu zweit an den vier Ecken gefasst und gereckt.

Da man ja kein Auto hatte, wurde der Wäschekorb beim Fahrrad auf den Gepäckträger gestellt und das Rad zur Mangel geschoben, eine Hand am Lenker, die andere an einem Griff vom Wäschekorb. Das Wort Balanceakt ist in diesem Zusammenhang durchaus passend, besonders dann, wenn man versuchte, mit dem Rad zu fahren als es mühsam bis zur Heißmangel zu schieben. Bei mir ist es immer gut gegangen, aber ich weiß nicht, ob alle so viel Glück hatten. Ein Korb mit frischer Mangelwäsche auf der Straße, das war eine Horrorvorstellung, vor allem der zweite Teil, wenn man nämlich damit nach Hause kam.

Wenn man sich all diese Mühen und Inszenierungen im Zusammenhang mit der großen Wäsche in Erinnerung ruft, fällt es leicht zu verstehen, warum wir die Sachen trugen bis sie so richtig gemütlich rochen. Ein gutes Stichwort; denn ich wollte ja noch von der Weiterentwicklung in der wöchentlichen Körperpflege erzählen.

Also, die Waschungen im eigenen Badezimmer gestalteten sich jetzt anders als zur Zinkbadewannenzeit. Es musste auf dem Herd kein Wasser mehr heiß gemacht werden, um damit die Wanne aufzufüllen. Jetzt wurde der Boiler im Bad angeheizt. Man knüllte erst Papier zusammen, darauf legte man dünne und darauf etwas dickere Holzscheite. Als Krönung kamen oben zwei Briketts drauf. Auf diese Weise wurde das Wasser heiß gemacht, das dann direkt aus dem Hahn in die Wanne lief. Jetzt konnte man sich schon beim Wassereinlaufen in die Wanne legen und zuschauen, wie der Pegel immer höher stieg. Bei uns Jungen war das besonders gut an einem Körperteil abzulesen, über das die Mädchen – trotz aller Weiterentwicklung im technischen Bereich – auch heute noch nicht verfügen. Zwischendrin legte man auch mal einen Hebel am Boiler um, und dann kam das Wasser nicht mehr aus dem dicken Hahn, sondern aus der Brause. Das war ein besonderes Erlebnis, weil man auf diese Weise mit relativ wenig Seife im Wasser riesige Schaumberge machen konnte. Ein allen in dieser Zeit Aufgewachsenen gut bekannter Familienbrauch wurde allerdings auch mit der eigenen Badewanne zunächst noch nicht abgeschafft: Alle badeten im selben Wasser, das erst vom „Schlussmann" abgelassen wurde. Gern gebe ich zu, dass wir zwischendrin mal den Stöpsel zogen, um noch etwas warmes Wasser nachlaufen zu lassen.

Mit dem Boiler wurde im übrigen im Winter das Badezimmer auch geheizt, wobei dieser Begriff vielleicht doch zu falschen Schlüssen führt. Man muss sich das so vorstellen, dass im „Brenner", also im Ofenteil, ein Feuer gemacht wurde, das mit Briketts in Gang gehalten wurde. Nicht wie der unbedarfte Leser vielleicht denkt, einfach so, sondern die Briketts wurden, wie bereits erwähnt, ganz fest in mehrere Lagen feuchtes Zeitungspapier eingewickelt, damit sie länger hielten. Auf diese Weise wurde das Badezimmer auch nicht richtig warm, sondern nur, wie meine Mutter immer sagte, etwas „überschlagen". Zu diesem Heizen und Überschlagen wird an anderer Stelle auch noch etwas zu sagen sein, weil es diese Zeit der 50er und den Beginn der 60er Jahre für viele von uns ebenfalls gekennzeichnet hat.

Bevor ich dieses Kapitel abschließe, zu dem sicher noch manches zu sagen wäre, möchte ich doch auch das Thema „Würmer" nicht unterschlagen, auch wenn es nicht ganz so prickelnd ist. Aber Würmer und Rizinusöl gehörten zu unserer Kindheit und Jugend, wie die Toiletten auf dem Treppenabsatz und die eigenen Jauchegruben.

Warum man Würmer hatte, weiß ich nicht. Man hatte sie eben. Eine Erklärung für mich war das „Jauchzen" im eigenen Garten. Unser Nachbar düngte seine Pflanzen im Garten ausschließlich mit hauseigenen Produkten. Dazu hatte er einen großen Zinkschöpfer mit einem langen Stil. Diesen Schöpfer tauchte er in die Jauchegrube, transportierte die kostbare Fracht in den Garten und leerte den Inhalt in den Wurzelbereich der Pflanzen. Bei dieser Gelegenheit hat er sicherlich immer wieder alte Bekannte getroffen ... Ob er auch Würmer hatte, weiß ich nicht, eigentlich litten nur wir Kinder darunter. Sie machten sich entweder durch Bauchschmerzen bemerkbar oder wurden auf Grund einer blassen Gesichtsfarbe diagnostiziert. Meine Mutter sagte zu einem solchen Gesicht immer: „Irgendwas stimmt mit Dir nicht; Du siehst wieder aus wie Buttermilch und Spucke." Es gab auch noch eine dritte Variante, wie man erfuhr, dass man Würmer hatte. Das war sozusagen das ganz persönliche Zusammentreffen mit diesen Bewohnern des eigenen Bauches. Ich meine damit, dass sie sich bisweilen durch Jucken bemerkbar machten, wenn sie mal kurz in das durch die Hose gedämpfte Tageslicht blinzelten ... Weitere Einzelheiten will ich Ihnen ersparen, obwohl ich mir sicher bin, dass jeder meiner Altersgenossen auch auf diesem Gebiet über ganz persönliche Erfahrungen verfügt.

Zur Bekämpfung der Plage mussten wir Rizinusöl trinken, das mit einem Esslöffel verabreicht wurde. Es wirkte so stark abführend, dass man das Rizinusöl am besten erst schluckte, wenn man schon auf dem Klo saß.

Von meiner Frau, selbst so ein guter 45er Jahrgang wie ich, weiß ich, dass sie sich zur Kontrolle, ob die Parasiten auch vollständig herausgespült worden waren, noch einige Tage nicht auf die Toilette setzen durfte, um sich von den Lasten des Alltags zu befreien, sondern eine Schüssel benutzen musste, um das Ergebnis der Rizinusbehandlung besser begutachten zu können.

Wie Sie sehen, meine geschätzten Leserinnen und Leser, denen es nicht vergönnt war, in diesen herrlichen Zeiten zu leben, wurde damals alles in einer etwas schonungslosen Direktheit abgewickelt, und diese Ausführungen sollen Ihnen auch davon einen kleinen Eindruck vermitteln. Dabei sollen Sie erkennen: Unserer Generation war und ist nichts Menschliches fremd!

Gesundheitsvorsorge, Krankenheiten und ihre Behandlung

Unsere Eltern haben sich um unsere Gesundheit sicherlich genau so gekümmert, wie das alle Väter und Mütter mit ihren Kindern machen. Allerdings wurde neben einem sehr übersichtlichen Grundprogramm an Impfungen mehr auf Hausrezepte und die Widerstandskräfte des eigenen Körpers gesetzt.

Von den Impfungen zeigen unsere mittlerweile nicht mehr völlig faltenfreien Körper – das heißt, eigentlich haben wir gar keine Falten, sondern wir sprechen im Zusammenhang mit diesen Lebenslinien von mehr oder weniger Profil! – deutliche Spuren. An den Oberarmen kann die Pockenschutzimpfung abgelesen werden und auf den Oberschenkeln zieren uns die Male der erfolgreichen Impfungen gegen Tuberkulose. Impfungen gegen Tetanus, Mumps, Masern, Röteln und ähnliches waren noch nicht bekannt, bzw. beim Normalbürger nicht üblich. Lediglich die Schutzimpfung gegen Kinderlähmung wurde zu einem späteren Zeitpunkt „flächendeckend" durchgeführt und zwar erst als Spritze und später dann als Schluckimpfung. Für manche aus unserer Generation kam das leider zu spät, und jeder von uns erinnert sich bestimmt an Kinder, die an dieser Krankheit gestorben sind oder lebenslang von Lähmungen oder ganz dünnen Beinen, die mit einem Ledergestell gestützt wurden, gezeichnet waren.

Außer den Impfungen gab es keine wirkliche Gesundheitsvorsorge, mit Ausnahme der vorbeugenden Behandlung gegen Rachitis oder Trichterbrust; heute würde man sagen gegen Vitamin-D-Mangel. Und dieses Mittel war der von allen Kindern ganz besonders geschätzte Lebertran. Farbe und Geschmack wird niemand von uns vergessen. Es gab zwei unterschiedliche Lebertran-

Menüs, entweder aus einer braunen, halb rund und halb eckigen Flasche, die schon nach Medizin aussah oder aus einer großen Tube. Der Lebertran hatte eine gelblich-weiße, eigentlich ungesunde Farbe und roch, ja eben wie Lebertran! Dieser Geruch war mit nichts zu vergleichen, ebenso wie sein Geschmack. Einige meiner Altersgenossen erinnern sich, dass es auch Lebertranvarianten gegeben hat, denen man Bananen- oder Himbeergeschmack hinzugefügt hatte. Es soll allerdings nicht entscheidend dabei geholfen haben, diese auf einem Esslöffel verabreichte Portion hinunterzuschlucken. Besonders schön bei dieser Prozedur war es, wenn Mutter nach dem Runterwürgen verlangte, dass man den Löffel ablecken solle.

Fast hätte ich vergessen zu erzählen, dass wir auch noch Spinat essen mussten, um nicht festgestellten Eisenmangel auszugleichen.

Von Impfungen, Lebertran und Spinat abgesehen, tat man nur etwas für die Gesundheit, wenn man schwächelte; also man tat genau genommen etwas gegen die Krankheit.

Gegen Erkältung gab es heißen Holundersaft und gegen Halsschmerzen heiße Zitrone ohne Zucker, ein Getränk, das auch nur bedingt zu empfehlen ist. Ein kleiner Schal um den Hals war der äußere Beweis für das innere Leiden. Zu Hause war dies ein Stück Stoff aus weißer Fallschirmseide. Das hätte bestimmt eine eigene Geschichte erzählen können, aber schon damals konnten Halstücher nicht sprechen.

Vor allen Dingen aber hieß es, wenn man etwas blass um die Nase war: „Ab ins Bett." Und das versuchte man natürlich zu vermeiden. Schon die Vorstufe war schlimm genug, wenn Mutter sagte: „Du kommst mir heute nicht nach draußen." Das war praktisch Freiheitsberaubung im Kleinen, weil sich unser Leben nach der Schule und bis zum Dunkelwerden ja eigentlich nur im Freien abspielte.

Bei richtigem Schnupfen bekam man in der Wohnung ein altes Geschirrtuch oder ähnliches zum Naseputzen, weil man nicht genügend Taschentücher hatte und Tempo-Tücher vielleicht noch nicht erfunden, auf jeden Fall aber viel zu teuer waren. Kam zur Erkältung noch Fieber dazu, musste man natürlich im Bett bleiben, und es begann eine Intensivbehandlung mit Wadenwickeln. Zuerst wurden trockene dünne Tücher um die Waden gewickelt und darüber eine Lage nasser kalter Tücher, und diese Packung blieb so lange um die Waden bis die Tücher richtig warm geworden waren. Uns wurde erzählt, dass das Fieber in die Tücher kriechen würde, und eigentlich stimmte das ja auch. Wenn Mutter diese Packung einige Male gewechselt hatte, war das Fieber in der Regel gesunken. Bei starkem Fieber wechselte Mutter die Wadenwickel auch nachts. Meine Frau erzählt, dass sie bei Fieber nicht nur Wadenwickel bekam, sondern komplett in diese Tücher eingewickelt wurde, so dass sie wie eine ägyptische Mumie aussah. Meine Erklärung, dass sie nur deshalb komplett einwickelt wurde, weil sie nicht viel größer ist als meine Beine lang sind, hätte für mich fast körperliche Schäden zur Folge gehabt!

Wenn alle Hausmittel nicht mehr halfen, wurde der Kinderarzt gerufen. Da man selbst kein Telefon hatte und auch Telefonzellen anfangs ziemlich selten waren, ging man entweder zum Nachbarn, wenn der schon einen Anschluss hatte, oder einer von den Gesunden in der Familie fuhr mit dem Fahrrad zum Doktor, um Bescheid zu sagen. Ich glaube, wir alle haben das Bild von unserer Kinderärztin, manchmal auch vom Kinderarzt noch vor Augen. So ein Besuch von der Kinderärztin verlief eigentlich immer gleich. Sie kam ins Schlafzimmer, setzte sich auf die Bettkante und nahm meine Hand. Sie fragte meine Mutter nach der Temperatur und was sie bislang schon mit mir gemacht hätte. Dann holte sie aus ihrer Tasche, die man oben weit aufklappen konnte, so einen Spatel aus Sperrholz, ließ mich den Mund aufmachen, drückte mit diesem Holzteil die Zunge runter und ließ mich „Aaa" sagen. Das war immer gleich, egal, ob mir der Hals oder der Bauch weh tat. Dann musste ich mich im Bett hinsetzen und wurde mit hochgeschobener Schlafanzugjacke abgehört. Ausziehen musste ich die Jacke nicht, weil es im Schlafzimmer dafür in der Regel viel zu kalt war. Es wurde noch kurz in die Augen und vor allem in die Ohren geleuchtet, und dann konnte man sich wieder hinlegen.

Nach der Untersuchung füllte die Ärztin meistens noch ein Rezept aus und gab es meiner Mutter. Zum Schluss strich mir die Kinderärztin noch einmal über den Kopf und sagte im Rausgehen: „Morgen ist es bestimmt schon wieder besser, aber in die Schule darfst Du erst, wenn das Fieber ganz weg ist."

Natürlich hatte sie manchmal auch irgendwelche Pillen aufgeschrieben, meistens aber nur Hustensaft, der ekelig schmeckte. Üblicher Kommentar war in diesem Zusammenhang: „Medizin muss bitter schmecken, sonst hilft sie nicht." (Kennen wir doch aus der Feuerzangenbowle!) Häufig bekam man nach einer solchen Erkrankung noch Höhensonne verschrieben. Dazu musste man mit dem Rad zur Kinderärztin fahren. Dort wurde man auf einem Hocker an einen Tisch gesetzt. Darauf stand die Höhensonne, ziemlich monströs und auch ein bisschen geheimnisvoll aussehend. Man musste eine Brille mit so blauen oder roten Gläsern aufsetzen und dann entweder den nackten Oberkörper oder das Gesicht vor der Höhensonne platzieren. Wenn man wieder aufstand, fühlte man sich nicht anders als vorher.

Wenn man zu häufig krank wurde oder nach Meinung der Erwachsenen insgesamt etwas schwach wirkte, dann wurde man verschickt. Für uns gab es nur zwei Versionen: Entweder in den Harz oder an die See, in den meisten Fällen an die Ostsee. Dort soll das Klima nicht so rau gewesen sein wie an der Nordsee. Im Grunde wurde man in diese Kinderheime für vier bis sechs Wochen verschleppt. Nur die Zähen haben dieses, oft sehr kurzfristig angesetzte Verfahren ohne psychische Macken überstanden. Sechs Wochen ohne die Mutter und von zum Teil ziemlich rabiaten Altersgenossen und auch älteren Kindern umgeben, das war nicht einfach, und ich erinnere mich nicht gern daran.

Meine Frau, die noch vier jüngere Geschwister hat, musste mal für ein paar Wochen ins Heim, weil die Mutter im Krankenhaus lag und niemand da war, der sich um die Kinder hätte kümmern können. Das war für sie doppelt schlimm, weil sie ja die kranke Mutter auch nicht besuchen konnte.

So wie man nur zum Arzt ging, wenn man krank war, so besuchte man auch den Zahnarzt nur, wenn man Zahnschmerzen hatte oder vom Schulzahnarzt hingeschickt wurde. Da es diese berühmten Vigantoletten noch nicht gab und das Zähneputzen auch noch nicht so systematisch erfolgte, wie wir das bei den eigenen Kindern beaufsichtigt haben, waren unsere Milchzähne in der Lebensdauer eher begrenzt und hielten nicht immer so lange bis sie von den neuen rausgeschoben wurden. Im Klartext hieß das: Wir liefen weit länger mit sehr individuellen Ober- und Unterkiefern herum als das heute der Fall ist. Zum Teil blieben die Zähne in einer „Scheibe Brot von gestern" einfach stecken oder man fummelte so lange daran herum, bis man sie selbst ziehen konnte. Beliebt war auch die Methode mit dem Bindfaden und der Türklinke. Das ging so: Man nahm einen Bindfaden, knotete das eine Ende am wackeligen Zahn fest und befestigte das andere an der Türklinke einer geöffneten Tür. Wenn eine straffe Verbindung hergestellt war, warf man mit einem leicht mulmigen Gefühl im Bauch und weit geöffnetem Mund die Tür mit Schwung zu. Wenn es geklappt hatte, hing dann der Milchzahn leicht schwingend an dem einen Ende des Bandes, und man fühlte danach sofort mit der Zunge, ob es auch ein Loch gegeben hatte. Und dann musste man auch noch ein bisschen zuckeln und anschließend mit spitzem Mund etwas Spucke auf die Oberfläche der Hand drücken, um zu sehen, ob es auch geblutet hat. Was für Rituale!

Wenn die bleibenden Zähne nachwuchsen, taten sie das im Regelfall ohne jede Korrektur. Zahnspangen, Gesichtsbögen oder vergleichbare Dinge waren noch nicht auf dem Markt. Solange nur Schönheitskorrekturen nötig gewesen wären, haben wir sicherlich nichts verpasst. Aber es gab auch einige von uns, die hatten einen solchen Überbiss, dass der Mund gar nicht mehr richtig zuging und die mit einem solchen Gebiss kompetent gewesen wären, ein Buch zu schreiben mit dem Titel: „Wie ernähre ich mich ohne Unterkiefer?" Diese Kinder waren natürlich schon arm dran, vor allem die Mädchen. Wie die wohl später mal geküsst haben? Keine Ahnung ...

Man brauchte schon eine ausgeprägte Persönlichkeit, um dieses Aussehen zu akzeptieren und vor allem auch die Sprüche der anderen zu ertragen. Einer von diesen typischen Kommentaren zu so einem schrecklichen Überbiss war: „Mach Dir nichts daraus, Dir kann es wenigstens nicht in den Hals regnen." Veranlagung, aber auch eine nicht ausgewogene Ernährung beeinträchtigten die Qualität der zweiten Zähne bei vielen von uns.

Da auch das Zähneputzen nicht so zelebriert wurde wie heute, waren die ersten Löcher in den bleibenden Zähnen nur eine Frage der Zeit.

Erst pröckelte man eine Weile mit der Zunge dran herum, konnte Kaltes im Mund nicht mehr so gut haben, und schließlich war der Besuch beim Zahnarzt – sagen wir besser der Gang zum Zahnarzt, weil Besuch zu freundlich klingt – nicht mehr zu vermeiden.

Aus dem beschriebenen Dramenaufbau ist unsere häufig sehr ausgeprägte Angst vor dem Zahnarzt zu erklären. Man hatte schon Zahnschmerzen auf dem Hinweg, wusste, dass die Behandlung nicht wirklich erbauend sein würde und musste davon ausgehen, dass auch der Rückweg noch nicht schmerzfrei verlaufen würde. Es war also fast eine Mutprobe, sich beim Zahnarzt auf den Stuhl zu setzen. Im Wartezimmer wurde man dann immer kleinlauter. Das hatte verschiedene Gründe. Zunächst einmal roch es da so fürchterlich nach Zahnarzt, dass einem ganz komisch im Bauch wurde. Dann saßen da immer irgendwelche Leute mit dicken Backen oder mit leicht schiefem Kopf, den sie in eine Hand gelegt hatten. Da hätte manchmal nur noch dieses Tuch gefehlt, dass oben auf dem Kopf zusammengeknotet wurde! In diesem Zusammenhang von Gesichtern wie dem Leiden Christi zu sprechen, erscheint mir nicht übertrieben. Das Schlimmste aber waren die Geräusche aus dem Behandlungszimmer des Zahnarztes. Man hörte das unheimliche Jaulen der damals geradezu revolutionären Turbinenbohrer, das vibrierende Brummen der herkömmlichen und sehr langsamen Bohrer und natürlich das Stöhnen oder manchmal sogar einen kaum gedämpften Aufschrei der Opfer. Für Kinder geeignete Lektüre, um sich abzulenken gab es nicht, und der Walkman, mit dem man sich dezent die Ohren hätte verstopfen können, war noch nicht erfunden.

Einige von meinen Altersgenossen behaupten, ihr Zahnarzt hätte noch einen Tretbohrer gehabt, aber das halte ich – zumindest in den meisten Fällen – für ein Gerücht.

Am liebsten wäre man abgehauen, weil einem die Zahnschmerzen im Wartezimmer häufig nicht mehr so stark vorkamen, bzw. subjektiv gar nicht mehr vorhanden waren. Diese Fluchtgedanken wurden immer stärker, je länger man warten musste. Manchmal war es wirklich so, dass sich die Tür zum Behandlungszimmer gerade noch rechtzeitig öffnete und das berühmte „Der nächste bitte" das Sich-Verdrücken im letzten Moment verhinderte.

Die Zahnarztstühle waren natürlich noch keine Liegesessel, die Zimmerdecken nicht mit schönen, farbenfrohen Motiven verziert und eine beruhigende Musik war ebenfalls nicht zu vernehmen. Eine Betäubungsspritze war in der Regel nicht im Angebot. Man sollte einfach eine Hand heben, wenn es weh tat oder etwas sagen. Wie man mit weit geöffnetem Mund, in dem sich dieser Röchelschlauch und der Bohrer befanden, noch etwas hätte sagen können, hat sich mir nicht erschlossen. Und was das Anheben einer Hand angeht, so hätte ich am liebsten die ganze Zeit „mit Hände Hoch" im Stuhl gesessen. Der Zahnarzt trug manchmal einen Mundschutz, aber eher selten. Eine Schutzbrille gegen die Spucke-Fontänen waren noch nicht üblich, und von Handschuhen konnte gar keine Rede sein. Es ging eben in erster Linie nicht um Kunst, sondern um Handwerk.

Zuerst wurde mit so einem Haken in dem Zahnloch herumgepröckelt und dabei schon häufig der Nerv getroffen. Ein leichtes Stöhnen wurde vom Doktor überhört. Es folgte der Einsatz des Turbinenbohrers, dessen Geräusch alleine schon zu einer innerlichen Starre führte, die in verkrampften schweißnassen Händen äußerlich sichtbar wurde. Danach pustete der Zahnarzt „Hochdruck-Luft" in das Loch, wobei man sich unbewusst unauffällig aufbäumte, wenn diese „fresh air" den freigelegten Nerv umspielte. Daher muss der Spruch von den Nerven, die blank liegen, kommen.

Die Feinarbeit wurde von dem alten Brumm-Bohrer geleistet. Bei dem hatte man das Gefühl, dass er so dick war, wie das ganze Loch im Zahn. Der Kiefer vibrierte, und ein dumpfer ständiger Schmerz trieb einem nicht selten die Tränen in die Augen. Zugestopft wurden die Löcher mit Amalgam. Als ich später in der Zeitung die ersten Berichte über diese Plomben las, fühlte ich mich irgendwie gezielt vergiftet. Gott sei Dank wurden die Aussagen über die Gefährlichkeit des Amalgam später relativiert. Aber da hatten diejenigen mit den schwachen Nerven den Zahnärzten schon eine neue lukrative Einnahmequelle erschlossen ...

Im Rückblick habe ich den Eindruck, dass die Zahnärzte dem Patienten bisweilen mehr Schmerzen zumuteten als das heute der Fall ist, weil ihnen die gründliche Arbeit wichtiger war als die dadurch möglicherweise hervorgerufene Abneigung der Patienten.

So kann ich folgendes Fazit ziehen: Es hat zwar meistens ziemlich weh getan, aber die Plomben haben Jahrzehnte lang gehalten.

Bei unseren Kindern haben meine Frau und ich natürlich mehr auf Prophylaxe gesetzt, aber die sind ja auch aus ganz anderen Jahrgängen!

„DAS KATHOLISCHE KAPITEL"

Aus der Überschrift ist zweifelsfrei zu entnehmen, dass sich die Evangelischen mit den Ausführungen in diesem Kapitel nicht beschäftigen müssen. Der Grund dafür liegt nicht so sehr darin, dass dies ein „anti-evangelisches Buch" ist oder es sich vielleicht nicht lohnen würde, sondern dass die meisten Aussagen und Begebenheiten nur von Katholiken verstanden werden.

Erschwerend für Nicht-Katholiken kommt hinzu, dass ich im Münsterland aufgewachsen bin, von dem es in den 50er Jahren hieß, es sei so schwarz, dass die Menschen im abgedunkelten Kohlenkeller noch einen Schatten werfen würden.

Die katholische Kirche hat unsere Kindheit und frühe Jugend in einem entscheidenden Maße geprägt und, wenn man ehrlich ist, vielfach auch belastet. Das hatte übrigens mit dem Glauben an den lieben Gott nichts zu tun. Der Druck, der durch die katholische Kirche auf uns lastete, war einerseits in dem im Regelfall verordneten und überwachten häufigen Kirchgang begründet und zum anderen mit der schrecklichen Ohrenbeichte, inklusive der geradezu öffentlichen Gewissenserforschung. Hinzu kamen die Todsünden und als besondere Belastung des Gewissens das unwürdige Empfangen der Heiligen Kommunion.

Bis man zur Erstkommunion kam, ging man in der Regel jeden Sonntag mit den Eltern in die Kirche und zwar in Sonntagssachen, in denen man alles durfte, nur nicht sich schmutzig machen. Damit war die kinderfreundliche Gestaltung des Sonntags praktisch auf Null reduziert. Abgesehen davon, dass man sonntags nicht in die Schule musste und es immer ein Sonntagsessen gab, war der 7. Tag der Woche für uns Kinder ein ausgesprochen langweiliger Tag. Wenn dann noch dieser berühmte Sonntagsspaziergang an der Hand von Mutter und Vater dazu kam, konnte man von einer echten Selbstkasteiung oder besser Fremdkasteiung sprechen.

Bevor man zur Erstkommunion ging, stand die erste Ohrenbeichte auf dem Programm. Zu ihrer Vorbereitung wurde in der Klasse eine Gewissenserforschung durchgeführt. Das lief so ab, dass die Lehrerin, schon damals gab es bis zur vierten Klasse der Volksschule – heute würde man sagen, in der Grundschule – keine Lehrer, mit uns der Reihe nach die 10 Gebote durchging. Sie las aus dem Katechismus den Text vor, und dann wurden wir aufgefordert, alles aufzuschreiben, was als Sünde gegen das jeweilige Gebot galt. Bei den ersten 5 Geboten war das für uns kein wirkliches Problem. Auch die erste Todsünden-Hürde, nämlich ein Versäumen des nach dem 3. Gebot verordneten sonntäglichen Kirchgangs, wurde von uns leicht genommen, weil man ja sonntags zur Kirche ging.

Beim 4. Gebot mussten zwar alle von uns eine Menge aufschreiben, weil es da um den Gehorsam und das ordentliche Verhalten gegenüber den Eltern ging. Weil das aber bei uns allen ziemlich verbesserungswürdig war, schämten wir uns dafür nicht.

Beim 6. Gebot war das allerdings völlig anders. Hier ging es darum, ob man „unschamhaft" gewesen war und zwar in Gedanken und/oder auch in Werken, wie das damals hieß. Wenn man sich „unschamhaft angefasst" hatte, war noch die Zusatzfrage zu beantworten: „Allein oder mit anderen?" Gesondert aufgeschrieben werden musste auch noch, wenn man onaniert hatte. Das war nämlich eine Todsünde. Und wir hatten gelernt, dass man nach einer Todsünde niemals die Heilige Kommunion empfangen durfte. Falls man das trotzdem tun würde, war das eine noch größere Todsünde, also sozusagen ein „Sünden-Gau". All diese Verstöße gegen das 6. Gebot mussten natürlich bei dieser Gewissenerforschung auch haarklein aufgeschrieben werden, und das war nicht nur peinlich, sondern einfach nur ganz schrecklich. Man

67

legte deshalb einen Unterarm vor das Blatt, nahm den Kopf ganz herunter und hoffte, dass die anderen dann nicht sehen würden, ob man etwas aufschrieb. Dabei linste man so über den Unterarm hinweg nach links und rechts um zu peilen, wer sonst noch etwas aufzuschreiben hatte. Ich erinnere mich an ein einziges Mädchen in meiner Klasse, das beim 6. Gebot niemals geschrieben hat. Die sah aber auch so aus, ziemlich blass und immer so total ordentlich. Wirklich gemocht hat die außer der Lehrerin niemand. Wie immer das jetzt von Euch verstanden wird ...

Als wir diese Prozedur der Gewissenserforschung zum ersten Mal hinter uns gebracht hatten, war die erste Hürde auf dem Weg zur Erstkommunion, die ja auch mit einem Fest und vielen Geschenken verbunden war, genommen.

Die zweite Wand, die praktisch drohend vor uns stand, war die erste Beichte. Da half es auch nichts, dass die Lehrerin uns immer wieder erklärt hatte, dass dieses Bekennen der eigenen Schuld im Grunde etwas Gutes und auch eine Chance sei, weil uns der Priester im Auftrag des lieben Gottes ja in der Beichte all unsere Sünden vergeben würde. Nach so einer Beichte sollten wir sündenmäßig quasi runderneuert sein. Die hatte gut reden; denn sie musste sich ja nicht in diesen Beichtstuhl knien und dem Priester hinter dem Holzgitter alle Sünden beichten, wenn draußen der Rest der Klasse in Lauerstellung war. Irgendwie haben wir es alle hinter uns gebracht, und nach der Absolution fühlten wir uns auch wirklich erleichtert. Das lag aber weniger daran, dass einem der Priester das, was als Sünde definiert worden war, vergeben hatte, sondern dass es vorbei war. Es war auch nicht so, dass man sich nach der ersten Beichte nicht mehr vor diesem Canossagang gefürchtet hätte, sondern dieses mulmige Gefühl ist geblieben. Für mich persönlich wurde das Beichten zu einer echten Tortur, als unser Dechant schwerhörig wurde. Wenn man dann wieder einmal flüsternd und mit etwas zittriger Stimme sein erneutes Versagen auf dem Gebiet des 6. Gebotes gebeichtet hatte, kamen die, auch außerhalb des Beichtstuhls laut vernehmlichen, Zusatzfragen: „Wo warst Du unschamhaft? Wer war noch dabei, Mädchen oder Jungen?" Jeder kann sich vorstellen, welche Farbe die Ohren hatten, wenn man nach einer solchen Vorstellung mit gesenktem Haupte aus dem Beichtstuhl kam. Ich selbst erinnere mich, und viele meines Jahrganges bestätigen das ausdrücklich, dass manche Priester besonders beim Beichten des 6. Gebotes an Einzelheiten interessiert waren. Heute habe ich dafür sehr unterschiedliche Erklärungen ...! Ein Junge erzählte mir dazu folgende Geschichte. Er beichtete: „Ich habe mich unschamhaft angefasst." Der Priester war damit nicht zufrieden und fragte: „Wo genau?" und der Junge antwortete: „Zwischen Greven und Gimbte."

Das sind zwei Orte im Münsterland. Ich gehe einmal davon aus, dass dies nicht exakt das war, was der Priester von ihm wissen wollte!

Um uns gegenüber den Verfehlungen des 6. Gebotes standhafter zu machen, bemühten sich die Lehrer, uns möglichst wenigen Versuchungen auszusetzen. Das führte manchmal zu echten Arabesken. So erzählte mir ein Freund, dass in seiner Realschulklasse einmal ein Mädchen zwischen elf und dreizehn Jahren – und damals war man zwischen elf und dreizehn noch wirklich klein, und zwar in jeder Beziehung – einen Pullover mit einem V-Ausschnitt in der Schule trug. Die Lehrerin nahm das Kind ohne ein Wort an der Hand und ging mit ihm nach draußen, vermutlich zur Toilette. Als sie zurückkamen, war der V-Ausschnitt am Pullover des Mädchens hinten!

Dass wir von diesem prüden Gehabe und dem Beichten des 6. Gebotes keine psychischen Schäden und/oder sexuelle Verklemmtheit davongetragen haben, ist eins der vielen Phänomene unserer Kindheit und frühen Jugend.

Nach der Erstkommunion begann die Zeit, in der wir sonntags

allein in die Kirche gingen. Morgens wurde die Messe besucht und nachmittags um 14 Uhr war Christenlehre. Und das war nicht nur in meiner Heimatstadt Coesfeld so, sondern, wie ich von meiner Frau und gemeinsamen Freunden weiß, auch in Greven, Havixbeck, Hagen und Köln. Ich glaube fast, dass es überall so war. Wir mussten in die Christenlehre, obwohl zu dieser Zeit immer „Kalle Blomquist" im Radio lief. Aber die Eltern kannten da kein Pardon. Ein Freund sagte mir später zu diesem Thema: „Ich habe lange gebraucht, um zu kapieren, warum diese Christenlehre für mich ein Muss war, bis ich herausgefunden habe, dass es eine hohe Wahrscheinlichkeit dafür gab, dass meine jüngeren Geschwister ihre Existenz dieser Zeit der Christenlehre verdanken. Während wir nämlich am Sonntagnachmittag in die Kirche gingen, machten die Eltern meistens einen „Mittagsschlaf ...". Als Jugendliche hatten wir später dafür den respektlosen Spruch: „BBBK". Das war die Abkürzung für „Bumsen bis Bonanza kommt!"

In der Sonntagsmesse war es natürlich auch Pflicht, zur Kommunion zu gehen. Eine Freundin von uns erinnert sich, dass ihr Vater häufig hinten in der Kirche gestanden hat, um zu überprüfen, dass sie auch zur Kommunion ging. Nicht nur einmal hat sie das in ganz schlimme Gewissenskonflikte gebracht. Sie hatte nämlich eine Todsünde nach dem 6. Gebot begangen und hätte somit nicht zur Kommunion gehen dürfen. Sie hatte aber nur die Wahl zwischen Pest und Cholera. Wäre sie nicht zur Kommunion gegangen, hätte sie nach der Messe peinliche Fragen ihres Vaters beantworten müssen. Ging sie trotz Todsünde zur Kommunion, beging sie eine weitere und zwar viel schlimmere „Schwere Sünde". Aus Angst vor ihrem Vater entschied sie sich immer für den größeren Sündenfall. Noch heute kann sie sich zu Recht darüber aufregen, wie sehr man durch solche Gebote als Kind unter Druck gesetzt wurde.

In der Schule begann nach der Erstkommunion die Zeit der

Schulmessen, auch ein Muss. Eine Freundin erzählt, dass ihre Familie von Münster nach Hoetmar auf einen Bauernhof evakuiert wurde. Hoetmar liegt mitten im schwarzen Münsterland. Dort mussten die Kinder jeden Morgen, das heißt von montags bis samstags, um 7:15 Uhr in die Schulmesse. Für sie bedeutete das, um 6:00 Uhr aufstehen und um 6:45 Uhr losgehen, im Sommer wie im Winter und bei schönem Wetter ebenso wie bei Regen oder Eis und Schnee. Kein Wunder, dass solche Kirchgänge in keiner guten Erinnerung sind und bei vielen dazu geführt haben, heute nicht mehr hinzugehen, weil man glaubt, in dieser Hinsicht sein Lebensquantum in den ersten 15 Lebensjahren erfüllt zu haben.

Eine andere Freundin berichtet, dass sie in der wöchentlichen Schulmesse – einmal pro Woche, das war im Münsterland ja unterer Durchschnitt – immer die Predigt aufschreiben musste, weil der Priester auch ihr Religionslehrer am Grevener Gymnasium war. Der hat auf diese Weise im Religionsunterricht geprüft, wer in der Schulmesse war. Sehen konnte er das ja nicht so gut, weil die Messen damals ja noch mit dem Rücken zur Gemeinde abgehalten wurden.

Die Freundin erzählt, dass ihre Mutter immer mit in die Messe gegangen ist und die Predigt mitgeschrieben hat, weil sie und ihre beiden Schwestern nicht so schnell schreiben konnten. Auch das war Mutterliebe!

Neben den sonntäglichen Gottesdiensten, der obligatorischen Christenlehre und den unterschiedlich häufigen Schulmessen gab es natürlich noch besondere kirchliche Pflichten.

Dazu gehörte zum Beispiel die Maiandacht, die für viele Kinder in diesem Wonnemonat täglich stattfand. Für diese Kinder war der Zusatz „Wonne" zum Monat Mai nur bedingt nachvollziehbar! Zusätzlich zur Maiandacht hatten viele zu Hause noch für die Muttergottes einen Mai-Altar gebastelt. Prozessionen gehörten ebenfalls zum täglichen Leben, und ich erinnere mich an eine harte Auseinandersetzung mit meinem Religionslehrer am Nepomucenum in Coesfeld, weil ich die Fronleichnamsprozession „einen Altar zu früh beendet hatte".

An Weihnachten gab es noch keinen Familien- oder Kindergottesdienst, sondern wir gingen mit den Erwachsenen entweder zwischen 23 und 24 Uhr in die Christmette oder morgens um 5 Uhr in die Ucht. Ich weiß noch genau, wie sehr ich in Münster in der Kreuzkirche, an der mein Onkel Pfarrer war, in einer solchen Ucht immer gefroren habe, vor Müdigkeit, und weil die Kirche keine Heizung hatte.

Bei einem besonders hohen Kirchenfest, ich glaube, das war an Ostern, war es bei uns üblich, drei Messen zu besuchen, und zwar eine „richtige" und zwei „stille Messen", die an den Seitenaltären gelesen wurden.

Vor Ostern lag die Fastenzeit, die sicherlich auch jeder von uns noch in Erinnerung hat. Da durften keine Süßigkeiten gegessen werden. Wenn man Bonbons oder auch mal einen Dauerlutscher bekam, so Riegel wie „Mars", „Milkyway" oder „Bounty" oder diese „Maoam-Päckchen", gab es noch nicht, musste man alles in einem Glas sammeln. Meistens war das ein Einmachglas, das sich langsam füllte und das man für vier bis sechs Wochen täglich vor Augen hatte. Das war schon eine echte Selbstbeherrschung, die da von uns Kindern abverlangt wurde. Die Versuchung, doch mal heimlich einen Bonbon aus dem Glas zu fischen, war natürlich groß. Vielleicht war das doch der Teufel, der einem, wenn man allein zu Hause war, immer wieder ins Ohr flüsterte: „Eins kann man doch ruhig nehmen; ein Bonbon, das merkt doch keiner. Du kannst ja einen ohne Papier nehmen, damit es nachher nicht vielleicht von Deiner Mutter im Mülleimer gefunden wird."

Nicht immer hat man der Versuchung widerstanden, aber irgendwie hat so ein Bonbon dann doch nicht richtig geschmeckt.

Zum Ende der Fastenzeit kam der Gründonnerstag. An diesem

Tag musste man nicht in die Kirche gehen, aber es war allgemein üblich. Das Faszinierende an diesem Tag war für uns Kinder, dass im nachmittäglichen Gottesdienst den Mitgliedern des Kirchenvorstandes, die in dunklen Anzügen im Chorgestühl Platz genommen hatten, von der Geistlichkeit die Füße gewaschen wurden.

Karfreitag war zwar ein kirchlicher Feiertag, aber man durfte ausschlafen. Ob das bei den Evangelischen auch so war, weiß ich nicht, weil das für die der höchste kirchliche Feiertag war. Aber das ist ja in diesem „Katholischen Kapitel" auch nicht wichtig.

Mittags gab es im Münsterland Struwen zu essen, manche nannten diese im Fett gebackenen Hefeplätzchen mit Rosinen und Zimtzucker oben drauf auch „Plinsen". Dazu trank man Muckefuck; das war dieser Kaffee in den weißen Packungen mit den blauen Tupfen.

Um 15 Uhr gingen wir am Karfreitag in die Kirche, weil – das war die Erklärung meiner Mutter – Christus um diese Uhrzeit am Kreuz gestorben war. Woher meine Mutter das so genau wusste, kann ich nicht sagen. Ich weiß nur, dass sie da auch noch nicht geboren war.

Der Karfreitag war wie der Aschermittwoch „Fast- und Abstinenztag." Die damit verbundenen strengen Regeln mussten nur von denen nicht eingehalten werden, die körperlich schwer arbeiteten oder sich auf Reisen befanden. Ich hätte es deshalb schön gefunden, wenn wir am Karfreitag verreist wären ...

Die Fastenzeit endete am Karsamstag, also dem Tag vor Ostern, um 12 Uhr. Ich erinnere mich noch genau daran, dass bei meinem Onkel Fritz, der Pfarrer von Heilig Kreuz in Münster war, am Karsamstag das Essen um Punkt 12 Uhr auf dem Tisch stehen musste. Das war immer ein deftiger Erbseneintopf mit besonders viel Speck und Wurst!

Was vor Ostern die „Bömbschen" im Glas waren, das waren in der Weihnachtszeit die 5- und 10-Pfennigstücke, die man an der Krippe in den „Nick-Neger" steckte: Eigentlich ein schlimmes Wort, aber niemand hat sich was dabei gedacht, diesen kleinen Neger so zu nennen, der immer, wenn man ein Geldstück in den Schlitz an seinem Bauch steckte, genickt hat.

Um uns gesund und gottesfürchtig durch die 365 Tage des Jahres zu führen, gab es noch verschiedene Segnungen. Am Aschermittwoch erhielt man das Aschenkreuz, dafür gab es einen extra Schulgottesdienst, quasi als Ausgleich dafür, dass wir im Münsterland am Rosenmontag nicht frei hatten ... Mit diesem Aschenkreuz, das der Priester auf die Stirn machte, und bei dem einem die Asche immer über den Mund und ab und zu auch ins Hemd rieselte, wurde man daran erinnert, dass alles Irdische vergänglich ist. Das ist zweifellos richtig, aber erschien uns Kindern nicht so wahnsinnig wichtig.

Dann gab es noch den Blasius-Segen. Der wurde am 3. Februar erteilt und sollte helfen, keine Fischgräten zu verschlucken, bzw. daran nicht zu ersticken, falls es doch einmal passierte. Das war damals mehr als angebracht, weil nach meiner Erinnerung das Fischfilet noch nicht erfunden oder vielleicht auch zu teuer war. Ich denke jedenfalls immer noch ungern an die Freitage, weil es an diesem Tag immer Fisch zu essen gab, der überzeugend den Beweis dafür lieferte, warum die Knochen beim Fisch Gräten heißen.

Am 2. Februar feierte man – ich hätte es fast vergessen– das Fest Maria Lichtmess. Was man da genau feierte, weiß ich nicht mehr. Mir ist nur in Erinnerung geblieben, dass bei uns erst an Lichtmess der Weihnachtsbaum abgeschmückt wurde. Der blieb so lange frisch, weil im Wohnzimmer, wenn überhaupt, nur sonntags geheizt wurde, aber das habe ich Euch ja schon erzählt

Eine ganze besondere Geschichte war das „Ablass-Beten". An alle Einzelheiten kann ich mich nicht mehr erinnern, aber ich glaube, dass dieser Gebetsmarathon am 2. November, also am Fest

Allerseelen stattfand. Um welche Gebete es sich genau gehandelt hat, ob um den Rosenkranz oder Vater Unser oder Gegrüßet seist Du Maria oder eine Kombination von allem, weiß ich auch nicht mehr. Ich erinnere mich nur, dass für jeden Ablass eine Seele in den Himmel kam. Wo die sich davor aufgehalten hatte, ob nur im Fegefeuer oder sogar in der Hölle, kann ich auch nicht mehr sagen. Fest steht auf jeden Fall, dass man „nach einer Runde Ablass" die Kirche immer kurz verlassen musste. In der Regel ging man einmal um das Gotteshaus, bevor man durch seine Gebete einen weiteren Menschen erlösen konnte. Meine Cousine hatte in diesem Zusammenhang einmal zu meiner Tante gesagt: „Mami, wenn Du zwei „Ablässe" gewinnst, bringst Du mir dann einen mit?"

Eine besondere Form des Ablass war der „Portiunkulaablass", den man auch den „vollkommenen Ablass" nannte. Was daran „vollkommen" war, hat mir niemand erzählt. Aber vielleicht war das ja wie mit den Waschmitteln heute, da gibt es ja auch noch diese Steigerung: Wäscht nicht nur sauber, sondern rein. Die mit dem „Portiunkulaablass" erlösten Seelen kamen wegen der besonderen Form der Sühne vielleicht beim lieben Gott in die Loge. Keine Ahnung!

Katholisch zu sein, das hatte in meiner Kindheit auch ein ganz besonderes Verhältnis zu den Evangelischen zur Folge. Im Münsterland wurden die irgendwie als „Fehlgläubige" angesehen. Im Nachhinein war das wirklich schrecklich.

Meine Frau erinnert sich, dass es in Hagen nicht viel anders war. Sie ist in eine katholische Volksschule gegangen, die sich den Schulhof mit einer evangelischen Schule teilte. Niemals hätten sie mit den evangelischen Kindern gespielt und umgekehrt natürlich auch nicht. Da wäre eine unsichtbare Linie auf dem Schulhof gewesen, die von niemandem übertreten wurde.

Ein „katholisches Kapitel" wäre nicht vollständig ohne etwas über die Zeit als Messdiener zu erzählen. Wir Jungens waren fast alle Messdiener; Mädchen durften diesen ehrenvollen Dienst noch nicht ausüben. Wir arbeiteten uns vom Stufendiener langsam hoch bis zu Trägern von Schiffchen und Weihrauchfass. Das war ein beschwerlicher Weg mit den Zwischenstufen „bei der Wandlung Schellen", „das Messbuch von einer zur anderen Seite tragen dürfen" bis hin zum zweimaligen „Anreichen von Wein und Wasser".

Wer von uns pensionierten Messdienern erinnert sich in diesem Zusammenhang nicht an die speziellen Methoden der Priester, den Wein mit möglichst wenig Wasser zu verdünnen. Die einen sagten beim Einschenken des Weines leise „Alles" oder legten zwei Finger unter den Boden des Kännchens, damit der Wein mit etwas mehr Schwung eingeschenkt wurde. Ein beliebtes Verfahren war auch, beim Einschenken des Wassers, den Kelch ganz schnell etwas anzuheben. Priester waren eben auch nur Menschen und mir in einem solchen Moment wesentlich sympathischer als im Beichtstuhl!

Meine Messdienererfahrung reicht von der „stillen Messe" morgens um 6 Uhr in der Krankenhauskapelle bis zum feierlichen Hochamt. Die Messe im Krankenhaus wurde in der Regel von meinem Religionslehrer, einem geistlichen Studienrat, gehalten. Weil man ja früher vor der Messe nüchtern bleiben musste, um die Kommunion zu empfangen, hatte er es quasi vor dem Frühstück immer ziemlich eilig. Sein absoluter Rekord lag bei 18 Minuten. Wir hatten unseren Teil dazu beigetragen, indem wir das „Suscipiat" auf Grund mangelnder Textsicherheit und in bewährter Manier statt zu beten nur schnell genuschelt hatten.

Viele von uns waren nicht nur Messdiener, sondern auch St. Georgs Pfadfinder; das waren im Gegensatz zu den Deutschen Pfadfindern die „Katholen", wie man so sagte. Bei den Pfadfindern lernten wir, wie wichtig eine Gemeinschaft ist und was für

tolle Erlebnisse man zusammen haben kann. Für die Messdiener-
zeit und die Pfadfindererfahrung bin ich der katholischen Kirche
heute noch dankbar. Und weil mir das so viel Spaß gemacht hat,
war ich auch viele Jahre noch Vorbeter – so ein wichtiges Wort
wie „Lektor" benutzte man für diese Tätigkeit noch nicht – in der
Messe sonntags um 8:15 Uhr in der Jesuitenkirche in Coesfeld.

Ich muss in diesem Zusammenhang allerdings gestehen, dass
das Vorbeten in dieser Messe nicht ganz uneigennützig war. Man
betete nämlich von der Orgelbühne, sozusagen von oben in die
Gemeinde runter. Dabei wurde man selbst nicht gesehen, konnte
aber ungestört nach den Mädchen des Aufbaugymnasiums gu-
cken, die dieselbe Messe besuchten ...

Die katholische Kirche ist mir heute nicht wirklich wichtig,
weil aus meiner Sicht der Unterschied zwischen evangelischen
und katholischen Christen akademischer oder vielleicht sagt man
besser kirchengeschichtlicher Natur ist. Schon als Jugendlicher
habe ich im katholischen Glaubensbekenntnis den Satz: „Ich glaube an die eine, heilige, katholische Kirche" ganz bewusst nicht
mitgebetet. Ich glaube nämlich überhaupt an keine Kirche, sondern an den Herrgott.

Dankbar bin ich der Kirche, aber meiner Mutter mindestens
genauso viel, dafür, dass sie mir beigebracht hat, dass der Mensch
nicht das Maß aller Dinge ist und dass es jemanden gibt, der uns
in seiner Hand hält. Diese Hand ist für mich aber weder katholisch
noch evangelisch.

Spielen und erste Fahrradtouren

Wir haben unsere Kindheit und frühe Jugend eigentlich auf der Straße verbracht und waren trotzdem keine Straßenkinder. Mit dem Wort „Straße" ist hier auch mehr gemeint, dass wir fast immer draußen waren. Im Haus waren wir nur, um die Schularbeiten zu machen oder wenn es so geregnet hat, dass man schon von der Haustür bis zum Gartentörchen klatschnass geworden wäre oder am Sonntag und natürlich, wenn die Straßenlaternen angingen.

Das hing auch damit zusammen, dass bei den meisten zu Hause kein Platz war. Ein eigenes Zimmer hatte eigentlich niemand, so dass man drinnen eben nur in der Küche spielen konnte. Das war aber auch nur bedingt möglich, weil die Küche ja der Aufenthaltsraum für die ganze Familie war, vor allem im Winter, weil nur dort der Ofen an war. Außerdem wurde der Küchentisch natürlich auch gebraucht für alle Arbeiten, die Mutter machte, vom Essen Vorbereiten angefangen, über das Einkochen bis zum Stopfen und Bügeln.

Der wesentlichste Grund aber, warum man drinnen nicht spielen wollte, war, dass wir kaum Spielzeug hatten. Es gab ein „Mensch ärgere Dich nicht" und ein „Fang den Hut" Spiel, ein „Flohspiel", „Mikado" und ein paar Quartetts. Später kam dann das auch heute noch beliebte „Monopoly" dazu. Erinnert Ihr Euch an die beiden blauen Straßen, Parkstraße und Schlossallee? Wenn die einem gehörten, war man ein gemachter Mann, aber wenn nicht, dann durfte man auch nicht drauf kommen. Ein Hotel in der Schlossallee brachte seinem Besitzer 40.000 DM, wenn ein anderer Spieler auf das Feld kam und damit im Regelfall schlagartig pleite war!

Außer diesen Gesellschaftsspielen, bei denen am Wochenende sogar die Eltern mitmachten, hatten wir so kleine Plastikautos und -tiere, die man als Reklamegeschenk bekam, wenn man Margarine kaufte. Bei uns gab es dieses Spielzeug immer von der Margarinefabrik „Münsterland" aus Osterwick. Diese kleinen Autos und auch Tiere wurden dann untereinander getauscht. Es gab da verschiedene Serien. Ich erinnere mich an Bauernhof- und Zootiere. Später kamen Cowboys, Indianer und auch Ritter dazu.

Eine weitere Bezugsquelle, um unsere Bestände an kleinen Plastikfiguren und -tieren, und sogar Einrichtungsgegenständen für die Puppenstube zu vergrößern, waren die Wundertüten von „Heinerle", erst in Schwarz-Weiß „Die beliebte Wundertüte" und dann in Farbe „Die begehrte Wundertüte". Dafür musste man allerdings 10 Pfennig haben, um sie zu kaufen. Es gab „Verkehrstüten", „Afrikatüten", „Indianertüten", „Zirkustüten", „Rittertüten", „Ballontüten", „Puppenhaustüten", „Faschingstüten" und sogar eine Tüte „Soldaten im Katastropheneinsatz". Da stand oben „Alarm" drauf. Katastropheneinsatz, das war damals das Maximale, was man mit Soldaten in Verbindung bringen durfte, weil alle nach dem Zweiten Weltkrieg vom Schießen erst einmal die Nase voll hatten.

Alles, was man zum Spielen mit diesen Plastikfiguren und -gegenständen an Häusern, Schuppen, Garagen oder Forts brauchte, baute man selbst aus Klötzen, die man sich als Reste aus der Schreinerei oder vom Sägewerk besorgte. Später wurden die Legosteine erfunden, mit denen man auch prima alle Arten von Gebäuden konstruieren konnte. Eine Menge Phantasie war bei all diesen Spielen gefragt.

Im Laufe der Jahre, als es finanziell besser ging, bekamen viele eine elektrische Eisenbahn von „Märklin, Spur H-0", die mit Hilfe von Weihnachten und anderen Festen nach und nach ausgebaut wurde. Als Geburtstagsgeschenk gab es höchstens Schienen, weil Wagen und Lokomotiven viel zu teuer waren. Ich selbst habe „Wiking-Autos" gesammelt, die mir später dann bei unserem ersten Umzug geklaut wurden, sieben volle Zigarrenkisten!

Beliebt waren auch die Baukästen von „Märklin" mit grünen Streben und blauen Platten. Dazu gab es Räder und auch Ketten, so dass man sogar einen Kran bauen konnte. Die selbst gebauten Märklin-Konstruktionen wurden meistens erst Wochen später wieder zerlegt.

Neben dem Spielzeug hatten die Kinder auch zu unserer Zeit schon mal einen Wellensittich oder einen Goldhamster. Mein Goldhamster hieß „Putzi" und durfte in der Wohnung frei laufen. Das ging so lange gut bis er eines Tages nach langem Suchen im Korb für die Schmutzwäsche gefunden wurde. Dort hatte er sich genüsslich durch die Bettwäsche gefressen. Nicht nur aus erzieherischen, sondern auch aus finanziellen Gründen bekam ich zu meinem kurz danach stattfindenden Geburtstag eine Garnitur Bettwäsche. Für mich als zwölfjährigen Jungen war das ein super Geburtstagsgeschenk ...

Manche hatten auch ein Aquarium. Ich weiß noch genau, dass ich mir mein von einem Cousin geerbtes Warmwasseraquarium erst einrichten durfte, als ich selbst schon mit Kohlentragen für alte Leute in der Nachbarschaft, Kegelaufstellen und Nachhilfestunden-Geben eigenes Geld verdiente. So ein Aquarium musste ja beheizt und beleuchtet werden, und das kostete extra Strom. Dafür war nicht nur bei uns zu Hause kein Geld vorhanden. Deswegen hatten meine Freunde und ich auch zunächst eine Kaltwasservariante des Aquariums. Die Stichlinge, die wir dafür brauchten, fingen wir mit selbst gemachten Angeln. Die bestanden aus einem Stock mit einem Bindfaden, an dem man unten ein Stück Blumendraht befestigte. Dieser Draht wurde gebogen und darauf ein Stück von einem Regenwurm, bei uns hieß der „Pillewurm", gespießt; ein ausgesprochen guter Köder.

So, und damit sind wir ja auch „draußen" angelangt.

Unser wichtigstes Fortbewegungsmittel war das Fahrrad, wenn man denn fahren konnte. Dazu brauchten wir keine Helme, keine Kinderräder und schon gar keine Stützräder. Wir lernten auf den großen Rädern fahren. Und zwar nach folgender Methode: Großes Herrenrad und dann mit einem Bein unter der Stange durch, das Fahrrad zur anderen Seite geneigt, damit man das Gleichgewicht halten konnte oder auf einem großen Damenrad und dann nur stehend im Rahmen. Diese alten Damenräder, die hatten an beiden Seiten vom Hinterrad noch so ein Geflecht, das aussah wie gehäkelt. Das diente dazu, dass bei den Damen die Röcke nicht in die Speichen kamen.

Sättel haben wir am Anfang gar nicht gebraucht, Gangschaltung hatten nur die Kinder von den Bonzen. Die waren aber meistens in der Schule doof! Und als wir annähernd groß genug waren für ein 26er (für die Mädchen) oder 28er Rad (für die Jungen), bekamen wir unser erstes, meist gebrauchtes eigenes Fahrrad. Meins war ein Geschenk zu meinem zehnten Geburtstag, und es war bereits auch zehn Jahre alt. Ich habe es selbst mehrfach angestrichen und fahre es heute noch. Das ist zur Zeit der einzige Besitz, für den unsere drei erwachsenen Söhne die Erbfrage sauber geregelt sehen wollen!

Bei diesem ersten eigenen Fahrrad kam es darauf an, ein möglichst kleines Zahnrad am Hinterrad zu haben. 17er Kranz war besonders gefragt, weil man dadurch auf der Geraden die höchste Endgeschwindigkeit erreichte, allerdings auf Kosten einer nicht unerheblichen Erschwernis an Steigungen – für uns damals am Coesfelder Berg. Neben dem möglichst kleinen Zahnrad war ein Wimpel auf dem vorderen Schutzblech wichtig und mit einem Spiegel hob man sich deutlich von seinen Freunden ab. Wer dann noch für kleinere oder größere Ausflüge Packtaschen am Fahrrad hatte, gehörte eindeutig zur „upper class", obwohl uns auch dieser Begriff nicht geläufig war. Ausflüge gehörten überhaupt zu den Höhepunkten unserer Kindheit, wenn Mutter den Brotbeutel packte mit fertigen Stullen oder selbst gemachtem Kartoffelsalat. Wenn so eine Fahrt mal über zwei Tage ging, dann wurde alles in den Tornister gepackt, der damals „Affe" hieß und wohl aus der Jugendbewegung stammte. Er hatte außen meistens ein etwas räudiges und nach Mottenpulver riechendes, vorzugsweise rötliches Fell. Getränke wurden nicht im Tetra Pack, sondern in einer Feldflasche mitgenommen, die häufig noch vom Vater oder Onkel aus dem Krieg stammte, ebenso wie das Kochgeschirr. Ansonsten trank man aus dem Wasserhahn oder vom Gartenschlauch, wobei es einem dann häufig bis ins Hemd lief. Wir haben alles mögliche gegessen, ohne davon krank zu werden. Der obligatorische Schimmel oben auf der selbst gemachten und mit Opecta Tropfen eingekochten Marmelade wurde, wie bereits erzählt, einfach möglichst dünn mit dem Löffel abgenommen. Käse, der rundherum ausgeschlagen war – Schimmel war es nur, wenn der Ausschlag lila war – wurde einfach verkleinert. Würmer gehörten zur Mutprobe, aber auf Steinobst wurde kein Wasser getrunken.

Auf diesen Ausflügen oder Fahrten wurden natürlich auch die ersten Rauchversuche gemacht. Ich erinnere mich an meine erste Version, das waren getrocknete Pfefferminzblätter in einer Tonpfeife vom Stutenkerl, gar nicht so schlecht und völlig ohne Teer und Nikotin! Eine Mischung aus getrockneten Suppenkräutern hat sich dagegen als ausgesprochen abführend erwiesen. Die ersten Zigaretten kaufte man mit Freunden zusammen und zwar die 6er Packung, z.B. von „Eckstein" oder „Juno". Beide Sorten rauchte man am besten im Sitzen. Nikotin oder Teerangaben auf den Packungen haben uns damals nicht belastet. Der einzige Warnhinweis, allerdings von unseren Eltern, war, dass es uns vom Rauchen schlecht werden würde. Das traf bei mir nur für das getrocknete Suppenkraut zu.

Bei solchen Fahrten wurde für 35 Pfennig natürlich auch das

erste Bier getrunken. Wenn es mal mehr wurden, dann ging einem später oft alles noch einmal durch den Kopf ...

Wir bauten eigene Seifenkisten und merkten erst mitten am Berg, dass die Lenkung nicht stabil genug war und die Bremsen nur bis zu 1,5 % Gefälle wirklich bremsten. Im Winter war es mit dem Schlitten ähnlich; wir rasten z.B. in Coesfeld den Berg runter, als ich so 16/17 Jahre alt war mit Geschwindigkeiten bis zu 70 km/h und mit zwölf Mann auf dem Schlitten, sieben Mann unten und fünf praktisch in der zweiten Etage. Gelenkt wurde mit Schlittschuhen. Dazu saß der erste Mann – daran erinnere ich mich besonders gut, weil ich es meistens selbst war – ganz vorne auf der Kante. Die Beine waren im rechten Winkel, und die Hände links und rechts am Schlitten. Vom zweiten Mann wurde man zusätzlich gehalten, indem einem dieser von hinten die Arme um die Brust legte. Und wenn es dann unten am Ende der Rodelbahn in das Sägemehl ging, dass man dort über das Eis gestreut hatte, um den Bremsweg zu verkürzen, dann fielen alle Mitfahrer über den ersten Mann. Das war nicht wirklich witzig. Stürze mussten zu Hause verheimlicht werden, weil man sonst nicht mehr los durfte. Das war mit dem Einbrechen ins Eis genauso. Wenn man einen Nassen hatte, war es am geschicktesten, die Schuhe auszukippen und die Socken dann einigermaßen wieder trockcen zu laufen. Wieso haben wir uns dabei eigentlich keine Lungenentzündungen oder sonst was geholt?

Bis zum Beginn der Schulzeit kam man eigentlich nur zum Essen nach Hause. Später wurde dieser Rhythmus durch die Schule und die Schularbeiten entscheidend verändert. Aber geblieben ist, dass man im Haus sein musste, wenn die Laternen angingen ... Das war die einzige Regel, die zu beachten war, allerdings manchmal ein bisschen schwierig, weil es ja gar nicht überall Laternen gab. Keiner wusste, wo wir eigentlich waren und was wir genau machten. Das hat den Eltern sicherlich auch einige Sorgen erspart.

Wenn ich nur an die Trümmergrundstücke denke mit den halb verschütteten Kellern oder dem ersten Stock, an dem man noch die grünen Badezimmerkacheln sah und die heraushängenden Wasserleitungen ...

Wir haben uns geschnitten mit dem Taschenmesser, haben Flitzebögen gebaut mit und ohne Holunderspitzen an den Pfeilen. Wir sind aus Bäumen gefallen, haben uns die Knochen verstaucht oder auch gebrochen. Manch einer hat auf diese Weise nicht nur einen Milchzahn verloren. Es passierte eben und keiner brauchte Formulierungen wie „Vernachlässigung der Aufsichtspflicht". Wir mussten keine Zahnspangen tragen und haben deshalb viel individuellere Gebisse als unsere Kinder. Es gab Kloppereien, die mit Schrammen und blauen Flecken endeten, alles halb so schlimm, Hauptsache die Klamotten waren heile geblieben. Winkelhaken in Hemden oder Hosen waren schlimmer!

Wir aßen Brot dick mit guter Butter, wenn es mal welche gab, tranken ohne Ende selbst gemachten Himbeersaft im Sommer und zwar mit unseren Freunden aus derselben Flasche. Wir kriegten weder Herpes noch Allergien.

Keiner hatte einen PC zu Hause, eine Play Station oder einen Game Boy, einen Video Recorder oder ähnliches. Selbst ein Fernseher war noch etwas ganz Besonderes. Deshalb musste er auch geschont werden!

Man hatte seine Freunde, und die traf man auf der Straße oder ging zu ihnen nach Hause, ohne vorher anzurufen, weil die meistens sowieso kein Telefon hatten. Wie war das überhaupt auszuhalten, nach der Schule nicht sofort mit der Freundin zu telefonieren oder sich nicht im Unterricht heimlich mit dem Handy SMS zu schicken? Das muss ja ätzend gewesen sein!

Keiner brachte uns irgendwo hin, und es gab auch keinen, der uns von irgendwoher abholte. Wir gingen zu Fuß oder fuhren mit dem Rad. Wir dachten uns Spiele aus mit Stöcken und gebrauchten Tennisbällen. Im Winter spielten wir Eishockey mit selbst geschnitzten Schlägern und einem flachen Kieselstein oder Stück Holz. Die Schlittschuhe passten allen Geschwistern, weil sie verstellbar waren. Sie wurden an den Seiten der Schuhe festgeschraubt und vorne mit Einmachringen oder Lederriemen zusätzlich gesichert. Das Problem dabei war, dass die Krallen hinten an den Seiten sich manchmal derartig in den Absatz bohrten, dass beim Lösen der Schlittschuhe der Absatz nicht mehr am Schuh, sondern am Schlittschuh festsaß. Wenn das passierte, war es nicht nur mit dem Schlittschuhfahren vorbei, sondern man hatte auch erst mal keine festen Schuhe mehr für die Schule, weil man ja nur ein Paar Winterschuhe besaß.

Wir hatten keine Rollerblades oder Inline Skater. Wir hatten Rollschuhe von „Hudora" oder „Polar", die konnte man genauso verstellen wie die Schlittschuhe, und so passten sie allen Kindern in der Familie. Rollschuhe und Schlittschuhe wuchsen mit. Gott sei Dank hatten die Rollschuhe nicht solche Krallen, sondern hinten so ein Lederteil, in das man den Schuh praktisch reinschob. Unsere Rollschuhe hatten Eisenräder, die mit Gummirädern waren viel zu teuer und eher etwas für „Warmduscher", obwohl wir diesen Begriff gar nicht kannten, weil wir keine Dusche besaßen ... Sie saßen natürlich nicht so bombenfest, aber Stürze waren Teil der Übung. Hauptsache, die Hosen kriegten am Knie kein Loch. Es gab keinen Schutz für die Knie und auch nicht für die Ellbogen, und trotzdem ist bei allen von uns noch alles dran. Es muss ein Wunder sein!

Beim Straßenfußball durfte nur mitmachen, wer gut war oder Besitzer eines Lederballes. Die anderen mussten lernen, mit Enttäuschungen zu leben. Es war auch nicht besonders prickelnd, wenn man beim Völkerball als letzter in eine Mannschaft gewählt wurde. Manchmal spielten wir auch „Brennball", aber ich weiß nicht mehr, wie das ging. Vielleicht fällt es Euch ja ein, wenn Ihr dieses kleine Büchlein lest. Wir haben uns auch mit geradezu kriegerischen Ballspielen die Zeit vertrieben. Ich erinnere mich an „Deutschland erklärt den Krieg gegen ...". Als Revanchisten oder Nationalisten fühlten wir uns damals trotzdem nicht, weil wir gar nicht wussten, was das war.

Mit am schönsten war das „Räuber- und Gendarm-Spielen", besonders, wenn Mädchen und Jungen gemischt unterwegs waren. Entweder spielten wir diese spannenden und auch etwas rauen Abenteuer auf irgendwelchen Trümmergrundstücken, von denen es ja noch viele gab, in verwilderten Gärten von Häusern, die weggebombt waren, oder eben in den angrenzenden Wäldern. Wenn man bei den Räubern war, die sich vor den Gendarmen verstecken mussten, hockte man natürlich meistens sehr dicht zusammen. Das war auch wieder so eine Möglichkeit, einmal etwas näher bei den Mädchen zu sein als das in der Öffentlichkeit möglich war ...

Schlecht war beim Räuber- und Gendarm-Spiel, dass es manchmal ziemlich anspruchsvoll oder sogar belastend war, was die Haltbarkeit unserer Anziehsachen anging. Besonders kritisch war es, wenn man in der Eile, weil die Idee, Räuber und Gendarm zu spielen, plötzlich entstanden war, keine Zeit oder auch Lust mehr hatte, seine ganz alten Sachen anzuziehen. Und wenn man dann nach Hause kam, ziemlich verdreckt und manchmal auch mit einem dieser berühmten Winkelhaken, dann war das Donnerwetter groß. Damals haben wir das nicht immer verstanden. Heute weiß ich, dass sich die Mütter – Väter kriegten das in der Regel gar nicht mit – nicht so sehr über unsere Sorglosigkeit aufgeregt hatten, sondern, weil sie nicht wussten, wie sie die Sachen schnell genug wieder sauber oder auch geflickt bekamen oder von welchem Geld ein neues Hemd oder eine neue Hose gekauft werden sollte.

Bei den meisten Spielen wurden Mannschaften gewählt und

da waren eher diejenigen die Favoriten, die in der Schule nicht so gut waren. Wir waren eben nicht alle gleich, und es hat uns nicht geschadet, das erkennen zu müssen.

Bei den Mädchen war noch Seilspringen beliebt und auch Hinke-Pinke; später kam „Gummi-Twist" dazu. Wenn man mal zwischendrin auf einer Mauer saß und mit den Füßen baumelte, dann spielte man auch schon mal „Schweinchen auf der Leiter". Dabei wurde ein Bindfaden an den Enden zusammengeknotet und mit beiden Händen und sehr viel Verrenkungen ein Muster gemacht, das angeblich so aussah, wie ein Schwein auf der Leiter. Ich habe das nie kapiert, war auch eher was für Mädchen. Dafür wurde jetzt ganz aktuell und quasi mit einer Verspätung von fast 50 Jahren noch einmal der Beweis geliefert: Wir waren bei meinem ältesten Freund zu dessen 63sten Geburtstag eingeladen. Und wie so oft bei uns Nostalgikern ging es mal wieder um die gute alte Zeit, diese berühmte Kindheit und Jugend in den Jahren nach dem Krieg. Und auf einmal erzählte jemand von diesem Spiel „Schweinchen auf der Leiter". Schnell holte die Frau meines Freundes einen Bindfaden, schnitt ein entsprechend langes Stück von der Rolle und verknotete die beiden Enden. Dann entwickelte sie mit beeindruckender Routine dieses Bindfaden-Kunstwerk und hielt es zwischen beiden Händen. Die nächste Frau griff ebenfalls mit beiden Händen in dieses Fadengewirr, machte einige für mich nicht nachvollziehbare Bewegungen und hatte zwischen ihren Händen dasselbe Bindfadenmuster. Die nächste Frau griff zu und so ging es durch die ganze Runde. Die Frauen konnten es alle noch! Wir Männer hatten uns zurückgelehnt, tranken unser Bier und unseren Wein und staunten einmal mehr über diese weiblichen Wesen, die seit Jahrzehnten ihr Leben mit uns teilten und auch darüber, was sie ihren mittlerweile erwachsenen Töchtern heimlich für Fähigkeiten mitgegeben hatten; denn die beherrschten das Spiel auch! Es gibt offensichtlich Traditionen, wo man sie nicht vermutet hätte. „Affengeil", würde die heutige Jungend wohl dazu sagen, wenn sie es gesehen hätte.

Ein ganz beliebtes Spiel hätte ich fast vergessen, nämlich das Knickern. Dafür brauchte man zunächst mal ein kleines Säckchen mit Tonknickern in verschiedenen Farben. Wenn man Glück hatte, besaß man auch noch einige Glasmurmeln, die es in unterschiedlicher Größe gab. So eine Glasmurmel zählte, je nach Größe und Vielfarbigkeit fünf bis sechsmal so viel wie ein normaler Knicker. Beneidet wurden diejenigen, die Besitzer von Stahlkugeln waren. Die stammten aus irgendwelchen Kugellagern und waren zehnmal so viel wert wie die normalen Knicker.

Außer den Knickern musste man eine schön feste, ebene Sandfläche haben. Bürgersteige waren dazu gut geeignet, weil die häufig noch nicht gepflastert waren. Man machte dann ein schönes rundes Loch in den Sand, und ringsherum wurde mit den Händen alles schön glatt gestrichen. Abwechseln wurden dann die kleinen Tonkugeln in das Loch geknipst. Bei uns knipste man mit dem Zeigefinger, der vom Daumen weggeschnippst wurde. In Hagen, wo meine Frau aufgewachsen ist, wurden die Knicker mit dem angewinkelten Zeigefinger ins Loch geschoben. Diese Schieberei war bei uns nicht erlaubt. Jeder spielte mit derselben Zahl von Knickern, und wer als erster alle Knicker im Loch hatte, war der Sieger. Wer einen Knicker im Loch versenkt hatte, durfte noch einmal. Erlaubt war auch, einen gegnerischen Knicker zu tätschen. Wenn der dabei ins Loch ging, war man auch noch einmal dran. Es gab auch Spezialrunden, in denen Glasmurmeln oder auch Stahlknicker zum Einsatz kamen. Das war dann besonders aufregend. Wer alle Tonknicker verloren hatte, konnte gegen Glasmurmeln oder Stahlkugeln eine bestimmte Zahl von Tonknickern eintauschen. Manches Mal kam man mit einem deutlich kleineren Knickersäckchen nach Hause als zu Beginn des Spiels. Daran erinnere ich mich nur ungern!

Jetzt fällt mir auch noch das „Dopp-Spielen" ein. Das waren so geriffelte Kreisel aus Holz mit einer Eisenspitze. Manche hatten oben in ihren Dopp auch noch Heftzwecken gedrückt, damit das edle Stück in der Sonne blitzte. Um den Dopps wurde ein Band gewickelt, das dann mit Schwung abgezogen wurde. Durch das Schlagen mit dem Band konnte man die Drehzeit des Dopp bei einigem Geschick verlängern. Dopp konnte man natürlich am besten auf Asphalt spielen. Es ging auch auf Platten, aber da hatte man das Problem mit den Ritzen.

Wer von Euch weiß noch, wie dieses Spiel mit einem – natürlich gebrauchten – Tennisball ging? Man stellte sich vor eine möglichst gut verputzte Wand und warf den Tennisball dagegen. Eigentlich nicht schwer, wenn es da nicht bestimmte Regeln gegeben hätte. Das fing an mit linker Hand, rechter Hand im Wechsel, natürlich immer nur mit einer Hand fangen. Dann musste man zwischendurch vor dem Bauch, in der nächsten Runde hinter dem Rücken in die Hände klatschen und den Ball wieder fangen. Es folgte die Übung, den Ball unter dem angehobenen Bein durchzuwerfen, natürlich auch links und rechts im Wechsel. Eine weitere Steigerung war, sich nach dem Wurf blitzschnell zu drehen und den Ball zu fangen. Die Krönung bestand darin, die ganzen Übungen mit zwei oder sogar drei Bällen zu machen. Auch dieses Spiel machte man natürlich nicht alleine, sondern immer mit mehreren hintereinander im Wettbewerb. Die Langsamen und Ungeschickten hatten bei diesem Spiel keine Chancen. Wahrscheinlich waren das Grobmotoriker, aber so ein schweres Wort kannten wir natürlich noch nicht.

Zum Schluss will ich Euch doch noch an das Versteckspielen erinnern. Einer stellte sich mit dem Gesicht zur Wand oder an einen Baum und zählte laut bis 50. Bevor er anfing zu suchen, musste er bei uns laut rufen: „Eins, zwei, drei, vier Eckenstein, alles muss versteckt sein. Hinter mir und vor mir, an beiden Seiten gildet nicht. Eins, zwei, drei, ich komme!" Dann drehte er sich um und fing an zu suchen. Hatte er jemanden gesehen, rief er dessen Namen, und dann rannten beide zum Ausgangsort. Wenn der Sucher als erster anschlug, war der andere gefangen; war der Entdeckte schneller da, war er frei. Wer es schaffte, ungesehen an den Baum oder die Wand zu schlagen, bevor er gefunden wurde, war ebenfalls frei.

Erinnert Ihr Euch an die Rangeleien, wenn der Sucher und der Versteckte gleichzeitig am „Anschlagsort" ankamen? Das war besonders schön, wenn einer von den beiden ein Mädchen war. Warum, das konnte man eigentlich noch gar nicht genau sagen, aber irgendwie hatte das was.

Wir sollten es alle trotz fehlender Aufklärung früher oder später noch herausfinden ...!

Ohne es bewusst zur Kenntnis zu nehmen, haben wir bei all diesen Spielen gelernt, was es heißt zu verlieren, und auch kapiert, dass es am schönsten war, etwas mit anderen zusammen zu machen. Es waren auch alles sehr aktive Spiele, die mit viel Bewegung – heute würde man „action" sagen – zu tun hatten. Deshalb waren wir abends entsprechend müde. Das war auch wichtig und nötig, weil wir ja noch keinen Fernseher hatten, um davor einzuschlafen.

Bleibt noch anzumerken, dass es geradezu paradox ist, dass wir bei eher kalorienarmem Essen fast nur aktiv spielten, während die Kinder heute mehr vor dem Computer und dem Fernseher rumhängen und sich dabei noch mit allem möglichen Zeug vollstopfen. Das Ergebnis ist allerdings auch nicht zu übersehen. Damit will ich natürlich nicht sagen, dass man damals – wie sich das immer anhört! – nicht auch im Freundeskreis auch irgendeinen gemütlichen Dicken hatte, der immer hungrig war und eigentlich nur ans Essen dachte. Aber so einer war eben in den damaligen Cliquen eine echte Ausnahme. Die meisten waren eher mager, aber dafür zäh und ausdauernd.

Wenn ich heute zurückblicke, dann bedaure ich die Kinder ein bisschen, die heute stundenlang vor dem Computer sitzen oder mit dem Game Boy spielen. Auch diese Selbstverwirklicher auf einsamen Mountain-Bike-Touren, beim „wall climbing" oder bei endlosen Jogging-Läufen beneide ich überhaupt nicht.

Aber wahrscheinlich sind die Kinder und Jugendlichen von heute auch glücklich und zufrieden mit dem, was sie machen, weil sie ja gar nicht wissen, was sie im Vergleich zu uns alles verpassen!

DIE SCHULE

Am ersten Schultag gab es auch für uns schon eine Schultüte, die in den meisten Fällen unten einen dicken Papierknubbel drin hatte, damit nicht so viel hineingesteckt werden musste.

Wir hatten einen Tornister – meistens nicht neu, sondern gebraucht – bei dem an der Seite, mit einem Band befestigt, das Läppchen raushing. Das andere Ende der Kordel war an der Schiefertafel festgebunden, die das wichtigste Teil der ganzen Schulausrüstung darstellte. Dazu gab es natürlich noch einen Schwamm, mit dem man die Tafel auswischen konnte. Trocken gerieben wurde dann mit dem Läppchen. Das Schwämmchen war in einem Döschen untergebracht, damit es schön feucht blieb. Dadurch entwickelte sich ein ganz spezieller Schwammgeruch, an den ich mich immer dann erinnere, wenn zu Hause mal ein Spültuch zu lange in Gebrauch ist ... !

Neben Tafel mit Läppchen und Schwammdöschen war natürlich noch der Griffelkasten im Tornister. Der war meistens aus Holz und konnte oben aufgeschoben werden. Das war sozusagen der Vorgänger der heutigen Federmäppchen. Ein wesentlicher Unterschied bestand allerdings darin, dass manche Lehrer den Deckel vom Griffelkasten dazu benutzten, uns damit auf die Innenseite der Hand zu hauen. Das war so etwas wie die flache und kurze Alternative zum damals noch üblichen Rohrstock.

Neben den Griffeln war in dem Holzkasten auch noch der Griffelanspitzer, ein Bleistift mit dem dazugehörenden Anspitzer und Buntstifte in den Farben blau, rot, grün und gelb. Irgendwann wurde ein neuer Griffel erfunden. Da hatte man nicht mehr diesen dünnen Stift aus Tonschiefer, der in der oberen Hälfte mit Papier verkleidet war, das man so abwickeln konnte, sondern einen Stift mit einer kleinen, doppelspitzigen Mine. Man drückte oben auf einen Knopf, dann öffnete sich unten die Halterung für die Mine und man steckte sie hinein. Wenn eine Spitze zu kurz geworden oder abgebrochen war, konnte man das andere Ende benutzen. Zart besaitete Kinder – das waren natürlich meistens Mädchen! – schrieben mit einem „Milchgriffel". Der machte nicht diese „Gänsehaut-Geräusche" beim Schreiben.

Im Tornister war an manchen Tagen noch ein Zeichenblock und dazu ein Farbkasten mit Deckweiß. Ich glaube, in der vierten Klasse wurde der Tornister noch einmal schwerer, weil man jetzt auch noch einen „Dierke-Schulatlas" hatte.

Wir lernten das Schreiben und Lesen nicht nach der Ganzheitsmethode, sondern Buchstabe für Buchstabe. Beim Schreiben begann das auf der Tafel mit nicht enden wollenden Reihen von Auf- und Abstrichen. Wenn etwas nicht gelungen war, kam der Schwamm zur Geltung. Wie schnell war alles wieder ausgewischt, was man mühsam und mit der Zunge zwischen den Lippen auf die Tafel gemalt hatte.

Die Steigerung nach dem Griffel war der Federhalter zum Schönschreiben. Das war so ein nach oben spitz zulaufender Holzpin in verschiedenen Farben. Unten, am dickeren Ende, waren in das Holz zwei Blechringe eingelassen, zwischen die die Feder geschoben wurde. Zum Schreiben musste man die Feder in ein Tintenfässchen, meistens von Pelikan, eintauchen. Mit so einer Feder konnte man sehr fein schreiben. Es gab dabei allerdings ein Problem: Wenn man zu sehr drückte, so dass sich die beiden dünnen Enden der Metallfeder übereinander schoben, dann konnte es erbärmlich spritzen, und das ganze Kunstwerk war versaut. Gewechselt wurden die Federn, indem man ein Stückchen Löschpapier zwischen Daumen und Zeigefinger klemmte und die Feder aus der Halterung zog. Meistens blieb die Tinte nicht nur im Löschpapier, sondern auch an den Fingern.

Später kam noch ein extra Mäppchen für den Füller dazu und

natürlich weiterhin ein Tintenfässchen; denn Patronenfüller waren damals noch nicht erfunden. Zum „Betanken" des Füllers drehte man das obere Ende ganz nach links, so dass im Vorratsbehälter ein kleiner Kolben ganz nach unten gedrückt wurde. Durch eine Rechtsdrehung wurde dann die Tinte mit dem Kolben in den „Tank" gezogen. Es kann auch umgekehrt gewesen sein, aber ich wollte ja nur an das Prinzip erinnern! Wenn man den Füller beim Betanken nicht nur mit der Feder in das Tintenfässchen tauchte, sondern etwas tiefer, dann war die Tinte nicht nur drinnen im Füller, sondern auch draußen am Füller. Deshalb hatten wir auch immer zwischen Zeige- und Mittelfinger diese blauen Flecken, die auch mit der Bürste nur schwer abgingen. Diese blauen Flecken waren immer an der Stelle, wo wir fast alle eine Schreibschwiele hatten.

Die guten Füller, sozusagen die L-Version, hatten einen Reservetank. Um den zu öffnen, musste man auf der Rückseite der Feder auf so einen kleinen Pin drücken. Auch davon gab es schöne blaue Finger. Wenn man den nicht ganz sauberen Füller in die Verschlusskappe geschoben hatte oder beim Füller durch Erschütterungen, die sehr unterschiedliche Ursachen haben konnten, etwas Tinte ausgelaufen war, wurde diese Kappe innen versaut. Das Ergebnis war, dass der Füller, wenn man ihn später aus der Kappe zog, unten immer etwas voll Tinte war. Um die daraus resultierende Dauerfärbung an der rechte Seite des Zeigefingers und der linken des Mittelfingers zu beenden, musste eine Kappeninnenreinigung durchgeführt werden. Das war eine wunderbare Beschäftigung in langweiligen Unterrichtsstunden. Man drehte sich aus Papier so eine kleine Wurst, schob diese in die Füllerkappe, drehte sie ein paar mal rum und zog sie wieder raus. Dann machte man eine neue Wurst und wiederholte den Vorgang so lange, bis die Papierwurst nicht mehr blau war. Eine sehr entspannende Tätigkeit ...

Ich weiß gar nicht, ob es am Anfang unserer Schulzeit überhaupt schon Kugelschreiber gab. Auf jeden Fall waren sie nicht nur verpönt, sondern schlicht und ergreifend verboten!

Im Tornister waren auch noch ein Heft mit Linien, ein kariertes Heft und ein Lese- und Rechenbuch. Die Bücher waren meistens geerbt und deswegen in so blauem Papier eingebunden, das immer ziemlich schnell an den Ecken durchgestoßen war. Auf dieses Umschlagpapier wurden weiße Etiketten aufgeklebt, auf denen der Name und die Klasse stand, bei manchen auch der Name der Lehranstalt.

Fast hätte ich es vergessen: Im Tornister war natürlich auch das Schulbrot; meistens eine aufeinandergeklappte Schnitte mit Plock-, Kinder- oder Leberwurst oder mit Braunschweiger, die bei manchen auch Teewurst hieß. Die Stulle war in Butterbrotpapier eingepackt. Das Tauschen von Schulbroten war ein gängiges Verfahren. Zum Trinken gab es für die meisten von uns einen Schluck Wasser aus dem Hahn. Nur wenige konnten sich für 10 Pfennig eine Milch oder Kaba kaufen. An diese Kiosk-Schwelgereien von heute war natürlich noch gar nicht zu denken.

Als wir in die Schule kamen, warteten meistens keine hellen, freundlichen und gut ausgestatteten Klassenräume auf uns, sondern Zimmer, die mit Tischen und Bänken vollgestopft waren, weil in einer Klasse bis zu 50 Kinder saßen. Tische und Bänke waren anfangs zum Teil noch solche Kombinationen aus Zweier-Sitzbank mit Pult. Da musste man praktisch richtig reinsteigen.

Auf dem Pult hatten sich Generationen unserer Vorgänger auf die unterschiedlichste Art verewigt, selbst größere Schnitzereien waren zu bewundern. In der Mitte des Pults war die Vertiefung für das Tintenfässchen, die aber nicht mehr bestückt war.

Die Schulen waren Konfessionsschulen. Deshalb begann im katholischen Münsterland der Schultag auch immer mit einem Gebet.

In der Volksschule waren Jungen und Mädchen zusammen in

95

einer Klasse, weil es offensichtlich in den ersten vier Schuljahren möglich war, sozusagen geschlechtsübergreifend zu lernen. Vielleicht hing es auch damit zusammen, dass man als Junge ja in dem Alter noch nicht wusste, wie sehr es durch das andere Geschlecht zu einer Verschiebung der Schwerpunkte kommen konnte ...

Auf die Penne kam nur, wer in der vierten Klasse der Volksschule die Aufnahmeprüfung für das Gymnasium schaffte.

Mit der Penne, also in der Sexta, endete die Koedukation. Wir gingen auf reine Jungen- oder Mädchengymnasien. Bei meinem Start ins Gymnasium waren wir 52 Schüler, von denen neun Jahre später zwei das Abitur machten; einer davon war ich. Ein Mal sitzen bleiben, wir nannten das Ehrenrunde, war eigentlich der Normalfall. Wenn das schon in der Quarta passierte ... Bevor ich jetzt weiter erzähle, muss ich das erst einmal mit den lateinischen Bezeichnungen erklären, weil Ihr vielleicht sonst gar nicht wisst, von welcher Klasse ich eigentlich spreche. Also: Die ersten drei Klassen, Sexta, Quinta und Quarta, waren die Unterstufe. Untertertia (U III), Obertertia (O III) und Untersekunda (U II) bildeten die Mittelstufe, und die Krönung war die Oberstufe mit den Klassen Obersekunda (O II), Unterprima (U I) und Oberprima (O I). Wo war ich stehen geblieben, ach ja, beim Sitzen bleiben. Also, wenn das schon bis zur Quarta passierte, dann gingen die meisten Schüler ab. Das heißt, einige gingen zurück in die Volksschule und andere wechselten zur Realschule.

Nach der Quarta wurde auf unserer Penne die Klasse geteilt. Man musste sich entscheiden zwischen dem altsprachlichen Zweig, der dann die U III a wurde und dem neusprachlichen, der zur U III m wurde. Auf einem humanistischen Gymnasium zählte die „M-Laufbahn" eigentlich nicht richtig. Das große Latinum konnte man nur erreichen, wenn man von der Sexta bis zur Oberprima, also neun Jahre, Latein gehabt hatte! Welch eine Wonne: Gallia est omnis divisa in partes tres ...

Auf dem Weg zur Untersekunda, an deren Ende die Mittlere Reife stand, gab es weitere Ausfälle. Das lag in den humanistischen Gymnasien, wie dem „Nepomucenum" in Coesfeld, das ich besuchte oder dem „Laurentianum" in Warendorf oder dem „Paulinum" in Münster häufig daran, dass nach Latein in der Sexta und Englisch in der Quarta in der Untertertia mit Griechisch die dritte Fremdsprache dazu kam. Das war für manche etwas reichlich. Diejenigen, die daran scheiterten, wechselten entweder zur Realschule oder wurden, wenn es sich um Kinder begüterter Eltern handelte, auf eine „Quetsche" geschickt. Bei uns ging das von Lüdinghausen bis ins erlesene Internat St. Gallen. Bei solchen Nobelinternaten hing das Bestehen des Abiturs nicht unwesentlich von der Höhe der monatlichen Gebühren ab ...!

Nach der Untersekunda verließen wieder einige Klassenkameraden die Schule, weil sie nach der Mittleren Reife eine Berufsausbildung beginnen wollten. Die Mittlere Reife war übrigens auch der erste offizielle Anlass, sich bei einem Kommers im Kreis der Klassenkameraden zu betrinken. „Stiefel trinken" war zu unserer Zeit ganz groß in Mode. Wenn ich da noch dran denke; ein kleines Pils kostete 35 Pfennig!

Für die Schüler des altsprachlichen Zweigs hörte an unserem Gymnasium nach der Obersekunda Englisch auf und für die O II m Latein. Danach begann an der Penne wirklich der Ernst des Schülerlebens.

In der Oberstufe war die entscheidende Hürde die Unterprima. Am Ende dieser Klasse gab es noch einmal größere Verluste. Ich selbst verlor meinen Klassenkameraden, neben dem ich sechs Jahre gesessen hatte. Wir waren eine ideale Ergänzung, sozusagen eine Schüler-Symbiose; er gut in Mathe und den anderen Naturwissenschaften und ich ganz passabel in Sprachen. Bei dieser Gelegenheit will ich noch einflechten, dass wir bei Klassenarbeiten überhaupt keine Hilfsmittel benutzen durften. Ich meine so Dinge wie Wörterbücher oder auch Formelsammlungen; Taschenrechner waren ja noch gar nicht erfunden. Wir waren schon froh, dass wir ein Geo-Dreieck benutzen durften und die Kreise nicht um ein Geldstück ziehen mussten, sondern dafür einen Zirkel hatten ... Bei diesen rigorosen Methoden war man auf das Pfuschen angewiesen, und auf dem Gebiet hatten wir es alle zu einer gewissen Meisterschaft gebracht. Allerdings gab es dabei auch ganz tragische Begebenheiten. An eine erinnere ich mich noch genau. Da hatte ein Freund sich die wichtigsten Formeln für die Mathearbeit innen in den Latz seiner Lederhose geschrieben. Während der Arbeit wurde der dann unter der Bank aufgeknöpft, und schon waren alle Formeln parat. Mit stolz geschwellter Brust und in der Vorfreude auf eine gute Note ging mein Kamerad als einer der ersten zum Pult, um seine Arbeit abzugeben, hatte aber leider vergessen, vorher den Hosenlatz wieder zuzuknöpfen ...! Damit stand die Zensur für die Arbeit fest: Ungenügend wegen Täuschung.

Beim Abitur wurden die Bandagen noch härter. Zunächst einmal musste man zugelassen werden, was z.B. mit einer fünf in Deutsch ausgeschlossen war. Im altsprachlichen Zweig mussten wir schriftliche Arbeiten in Deutsch, Mathe, Latein und Griechisch hinter uns bringen. Dazu saßen wir im Zeichensaal in so großen Abständen, dass nur noch Weitsichtige im eigentlichen Sinne des Wortes abschreiben konnten. Wenn wir zur Toilette wollten, mussten wir die von den Lehrern benutzen. Dabei war das Abschließen der Türen verboten. Ihr könnt Euch vorstellen, was das für Nerven gekostet hat, auf dem Klo sitzend, ein Knie unter der Türklinke und dann im „Liliput", diesem kleinen Wörterbuch, Vokabeln, die man nicht wusste, nachzuschlagen. Für die mündliche Abiturprüfung bekam man keinerlei Vorabinformationen, sondern hatte sich darauf einzustellen, in allen Fächern geprüft zu werden. Das hieß im Klartext: Deutsch, Mathe, Latein, Griechisch, Geschichte, katholische Religion, Biologie, Kunst oder Musik. Das Sportabitur fand zwischen den schriftlichen und mündlichen Prüfungen statt.

Wenn von 52 Schülern nach neun Jahren nur zwei übrig blieben, könnt Ihr Euch bestimmt vorstellen, dass die dann auch keinen Abiturdurchschnitt von 2,0 oder besser hatten. Wir waren stolz auf einen Notenschnitt von 3,4 oder so ähnlich, hatten allerdings auch damit kein Problem zu studieren, weil der Numerus Clausus noch nicht erfunden, man könnte auch sagen, gar nicht nötig war!

Aber jetzt bin ich ja schon fast auf der Uni und habe eigentlich kaum etwas über den Schulalltag auf der Penne erzählt, der ja bei uns noch von montags bis samstags ging und zwar in der Regel von 7:55 bis 13:10 Uhr.

Unsere Lehrer waren in der Mehrzahl noch im Krieg gewesen und zum Teil mit erheblichen Blessuren nach Hause zurückgekehrt. Da gab es Lehrer mit nur einem Auge oder einer Lederhand, andere hatten Beinprothesen, und es gab sogar einen Kriegsblinden, der von einer Frau in den Unterricht begleitet wurde. Diese Lehrer waren natürlich viel, viel älter als wir, stammten sozusagen noch aus einer anderen Zeit. So waren eben häufig auch ihre Unterrichts- und Erziehungsmethoden. Trotzdem – vielleicht auch deswegen? – wurden diese alten Pauker von uns mehr respektiert und auch akzeptiert als die Nachwuchsgeneration, die zwischen 30 und 40 Jahre alt war. Diese jüngeren Lehrer standen vielfach für nichts und waren deshalb weder Vorbilder noch Persönlichkeiten, an denen man sich orientieren und auch reiben konnte.

„Reiben" ist ein Stichwort, das mich an die Sportstunden erinnert, besonders dann, wenn Geräteturnen angesagt war. Ich behaupte einfach mal, dass diese Art des Sportunterrichtes nicht nur für mich ein Horror war. Es begann damit, dass man die Turnhalle betrat und der Sportlehrer uns anwies, ein bestimmtes Gerät hinzustellen, bzw. aufzubauen. Für mich begann dieser Horror in steigender Reihenfolge mit dem Barren, gefolgt vom Bock, dem

Pferd, und dem langen Kasten . Die Krönung aller Schrecken und der Gipfel dieser Folter war das Reck.

Der Barren wurde bei uns immer so aufgebaut, dass in der Mitte eine Matte lag, falls einen die Kräfte verließen und man abstürzte. Zwei Übungen sind mir besonders in Erinnerung und Euch allen ganz sicher auch vertraut. Die eine war das „Schwingen in den Stütz". Da waren die beiden Holme auf Schulterhöhe gebracht und irgendwie nach innen gedreht, damit sie besser unter die Achseln passten. Dann musste man sich zwischen die Holme stellen, legte die Unterarme auf und klemmte die Holme irgendwie unter die Achseln, was dort häufig zu erheblichen Haarverlusten führte. Man zog die Knie etwas an und begann so lange zu schwingen bis man es entweder in den Stütz schaffte oder mit nach oben geklappten Armen durch die Holme auf die Matte fiel. Alles nicht besonders witzig.

Die zweite Übung, die mir im Gedächtnis geblieben ist, wurde am Stufenbarren absolviert. Ein Holm wurde so hoch geschoben, das man ihn nur noch mit gestreckten Armen erreichen konnte, während der andere sich in etwa auf Bauchhöhe befand. Man nahm quer zum Barren Anlauf, versuchte den oberen Holm zu greifen und gleichzeitig die Beine hochzureißen, um den gesamten Körper über den unteren Holm praktisch ins Nichts zu schwingen.

Na, kommen die Bilder langsam zurück und tut Euch bei der Erinnerung auch der Rücken wieder weh, mit dem man bei mangelndem Schwung über den unteren Holm gerutscht war? Ich habe nie verstanden, was diese Übung mit der so oft zitierten Körperertüchtigung oder Leibesübung zu tun hatte. Mein Leib wurde dadurch jedenfalls weder ertüchtigt noch geübt, sondern gequält, und das war bei den anderen Geräteübungen nicht nur genau so, sondern noch schlimmer.

Beim Sprung über den Bock bestand, falls einen im letzten Moment der Mut verließ, immer die Gefahr, frontal davorzulaufen und sich dabei die edelsten Teile massiv zu prellen. Das Sprungbrett war dabei eine eher zweifelhafte Hilfe. Der Sprung über das lange Pferd endete für die meisten von uns mit einem brutalen Aufklatschen in der Mitte des Geräts, weil man aus Angst entweder nicht fest genug auf das Sprungbrett gehüpft war oder die Hände nicht weit genug vorne aufgelegt hatte.

Ähnliche Probleme gab es beim langen Kasten, nur dass man sich dort auch noch die Innenseiten der Oberschenkel verbrannte, wenn man beim Sprung die Beine nicht weit genug gespreizt hatte.

Hatte man nicht genug Schwung, konnte es auch passieren, dass man am Ende des Kastens mit dem Hintern aufschlug. Das führte dazu, dass die oberste Lage des Kastens abhob und entweder mit lautem Knall wieder aufsetzte oder mit dem Springer durch die Luft flog.

Aber das war alles nichts im Vergleich zu den Übungen am Reck. Mir wurde schon mulmig, wenn im Boden der Turnhalle die Abdeckungen von den Löchern genommen wurden, in die man die beiden Pfosten oder wie immer man diese senkrechten Pöhle nannte, versenkte und verriegelte. Dann wurde diese Querstange dazwischengesetzt und die gerätemäßigen Voraussetzungen für den Felgaufschwung waren geschaffen. Ich habe schon dieses Wort „Felgaufschwung" nicht verstanden, geschweige denn die Übung selbst. Früher habe ich immer gedacht, es hieße „Feldaufschwung", aber das macht ja ebenso wenig Sinn wie „Felgaufschwung";denn Felgen hat nur mein Fahrrad. Ich selbst habe noch keine bei mir entdecken können.

Aber jetzt zur Übung selbst. Konzentriert Euch einmal und holt sie aus einer der lange nicht genutzten Schubladen in Euren altgedienten Hirnen.

Man musste sich unter die Querstange stellen und diese von oben mit beiden Händen greifen. Dann galt es durch verzweifelte kleine, schnelle Schritte nach vorn, Schwung zu holen, um dadurch die Beine irgendwie so weit nach oben zu bringen, dass sich der Körper praktisch um die Stange wickelte. Das gelang, wenn überhaupt, erst nach mehreren Versuchen, und dann wickelte sich bei uns Jungen häufig nicht nur der Unterleib um die Stange, sondern auch ein anderes edles Teil, das vorn am Unterleib angewachsen ist. Ein ausgesprochen schmerzhafter Vorgang. Ich habe diese Übung gehasst und hätte es für sinnvoll gehalten, wenn nur die Mädchen den Felgaufschwung hätten lernen müssen, weil die dabei doch erheblich geringere Risiken hatten. Aber offensichtlich war das Gegenteil der Fall. Meine Frau behauptet jedenfalls, sie hätte diese Übung niemals machen müssen, aber dafür wäre sie auf dem Schwebebalken balanciert und nicht nur einmal runtergefallen

Unser Sportlehrer hat diese Übungen übrigens niemals selbst vorgemacht. Dazu war er sich als ehemaliger Angehöriger des berühmten 100.000 Mark Sturm von Preußen Münster viel zu schade. Er ließ alles von den Klassenkameraden vormachen, die Mitglied in einem der Coesfelder Turnvereine waren, entweder im TUS (Turn- und Sportverein) oder bei „Raspo" (Rasensport Verein).

Ich war jedenfalls immer froh, wenn das Winterhalbjahr vorbei war und wir endlich wieder auf den Sportplatz konnten, wo es all diese Geräte nicht gab.

Die Versetzungen fanden zu unserer Zeit immer vor den Osterferien statt. Dann gab es die entscheidenden Zeugnisse, die natürlich auch noch die berühmten Kopfnoten hatten. Da gab es eine Note für „Betragen", eine für „Beteiligung am Unterricht" und eine dritte für „Häuslichen Fleiß", häufig ergänzt durch einen begleitenden Text, der durchaus belastend sein konnte ... Eine schlechte Note in „Betragen" war zwar zu Hause immer ein Problem, aber im Münsterland nicht so schlimm, als wenn man in Religion keine Zwei hatte. Unter „Beteiligung am Unterricht" ließen die Lehrer häufig ihrer Phantasie freien Lauf. Bei meiner Frau, die im Gegensatz zu mir ein eher stiller, feiner Mensch ist, stand zum Beispiel einmal: „Brigitte sollte ihre innere Anteilnahme am Unterricht mehr nach außen zeigen." Neben den drei Noten wurde im Kopf des Zeugnisses auch noch die Anzahl der Tage aufgeführt, an denen man im Unterricht gefehlt hatte, aufgeschlüsselt nach „entschuldigt" und „unentschuldigt".

Mit den Zwischenzeugnissen wurde man vor den Herbstferien konfrontiert. Das waren meistens diese „Badeanstalt-Zeugnisse", mit denen man die Quittung dafür bekam, wo und wie man den Sommer verbracht hatte. Versetzt worden wäre man mit diesen Papieren in vielen Fällen nicht. Bei mir kam noch strafverschärfend dazu, dass mir mein fünf Jahre älterer Bruder Prämien für schlechte Noten zahlte. Für jede Arbeit, die ich fünf schrieb, bekam ich von ihm 50 Pfennig und für jede Sechs 1 DM. Auf diese Weise nivellierte er seine und meine Noten in den Klassenarbeiten, weil er natürlich in unserem Schulsystem in der Oberstufe nicht mehr mit Einsen und Zweien prahlen konnte, wie das für mich in der Unterstufe und zum Beginn der Mittelstufe noch möglich war. Ein Verfahren, dessen Gefährlichkeit mir fast zum Verhängnis geworden wäre. Aber man nutzte natürlich jede Möglichkeit zum Geldverdienen; denn Taschengeld war für die meisten von uns ein Fremdwort. Wir verdienten Geld durch Kegelaufstellen, weil es ja damals diese vollautomatischen Kegelbahnen noch nicht gab. Stattdessen hockte hinten auf der Kegelbahn ein Junge, der die geworfenen Hölzer wieder aufstellte und auch die Kugel wieder nach vorne beförderte. Für drei Stunden Kegelaufstellen bekam man zwischen 3,50 DM und 5 DM. Dazu kamen 20 bis 50 Pfennig für einen Naturkranz. Da musste man sich den König schnappen und mit dem Ruf „Der König hat seine Soldaten verloren, hurra, hurra, hura!" nach vorne rennen und sich sein Kranzgeld abholen. Eine andere beliebte Möglichkeit, Geld zu verdienen, war das Kohlen Hochtragen für ältere Leute in der Nachbarschaft. Auch das Erteilen von Nachhilfestunden war eine gute Einnahmequelle. Am besten sprudelte diese Quelle bei den etwas weniger begabten Kindern von etwas reicheren Eltern. Diese Kinder waren nicht selten deutlich weniger intelligent als ihre Eltern, die das aber nicht wahrhaben wollten. So konnte man sich schon Meriten verdienen, wenn man einen solchen Schüler von einer „Beton-Fünf" auf eine schwache Vier brachte. Das musste man nach Möglichkeit über mehrere Schuljahre schaffen. Wenn diese „Stammkunden" dann trotzdem irgendwann sitzen blieben, führte das zu deutlichen Einbrüchen bei den Einnahmen.

Jetzt bin ich ganz davon abgekommen, zu erzählen, wie es uns gelang, diese „Badeanstalt-Zeugnisse" innerhalb von ca. fünf Monaten in Versetzungspapiere umzuwandeln. Da musste schon eine Kohle nachgelegt werden, und für schwache Nerven war das nichts, weder bei Schülern noch bei deren Eltern. War man im ersten Schulhalbjahr immer schon gespannt, wo denn das eigene Heft im Stapel lag, wenn der Lehrer die Arbeiten zurückgab, wurde das jetzt zu einem echten Kick. Unsere Hefte auf der Penne hatten alle diese Plastikhüllen in verschiedenen Farben. Wenn man als einziger eine violette, bei uns hieß das „lila", Hülle hatte, war das Heft schnell zu orten. Hatte man sich aber für eine der üblichen Farben wie rot, grün, blau oder gelb entschieden, war das erheblich schwieriger und auch Nerven belastender. Jeder erinnert sich daran, dass die Hefte im Stapel nach Noten geordnet waren. Die beste Arbeit lag als erste und die schlechteste als unterste im Stapel. Zum Ende der Mittelstufe und am Anfang der Oberstufe schwankten die Schülerzahlen zwischen 20 und 25, Tendenz abnehmend! Die Zahl der mit mangelhaft oder ungenügend bewerteten Arbeiten lag immer bei ca. 20 bis 25 %. War mehr als ein Drittel der Arbeiten schlechter als ausreichend, kam die Klassenarbeit nicht in die Wertung und musste wiederholt werden. Dazu hatten die Lehrer naturgemäß keine Lust, so dass sich die Fünfen und Sechsen auch bei sehr schlecht ausgefallenen Arbeiten auf jeden Fall unter 33 % einpendelten.

Zurück zum Heftstapel: Der Durchschnittsschüler orientierte sich also an der unteren Hälfte des Stapels und verlor immer mehr die Nerven, wenn nur noch etwa acht bis zehn Hefte übrig waren. Wenn es in diesem kritischen Bereich auch noch Hefte gab, die denselben Umschlag hatten wie das eigene, konnten die Hände schon ziemlich feucht werden!

Verschärft wurde die Noten-Aufholjagd im Winterhalbjahr, wenn es viel Schnee und auch gute Eisverhältnisse gab. Dann wurden nämlich bei uns in Coesfeld die Teiche am Schloss von Varlar und die Rodelbahn am Coesfelder Berg das, was im Sommer die Badeanstalt war. So ein Pennälerleben konnte wirklich ziemlich anstrengend sein, heute würde man es wohl als stressig bezeichnen.

Wenn man zum eigenen Erstaunen und zur Zufriedenheit der Eltern wider Erwarten das Klassenziel doch erreicht hatte, war man von einem berechtigten Stolz erfüllt, auch wenn das Zeugnis später nur bedingt als Beispiel für die eigenen Kinder dienen konnte. Otto der Normalverbraucher hatte in Religion eine Zwei, in den anderen Nebenfächern Dreien und in den Hauptfächern jeweils eine Vier. Die Asse in der Klasse hatten entweder in Mathe eine Zwei oder auch in Deutsch; manche auch in Englisch, Latein oder Griechisch. Dass jemand in Mathe und in einer Fremdsprache eine Zwei hatte, kam nur in legendären Ausnahmefällen vor; in unserer Klasse am Nepomucenum gar nicht. Notendurchschnitte zwischen 2,0 und 1,0, wie sie heute an der Tagesordnung sind, gehörten bei uns in das Reich der Fabeln. Die Vermutung, dass wir damals dümmer waren, allerdings auch!

Auf dem Weg zur Uni oder in den Beruf, also so in Richtung

Erwachsenwerden, spielte die Koedukation eher eine untergeordnete Rolle, wie ich ja schon erzählt habe.

So grenzt es fast an ein Wunder, dass wir zu unserer Schulzeit überhaupt schon bemerkt haben, dass es zwei verschiedene Geschlechter gibt, ganz zu schweigen davon, was diese beiden so alles miteinander machen können.

Aber wie wir das trotzdem kapiert haben, das will ich im letzten Kapitel erzählen. Jetzt kommen erst einmal die großen Ferien dran und das erste richtige Geldverdienen.

GROSSE FERIEN UND ERSTES RICHTIGES GELDVERDIENEN

In den Sommerferien, die auch zu unserer Schulzeit schon sechs Wochen dauerten, fuhren die wenigsten von uns weg. Falls überhaupt, dann höchstens zu Oma und Opa oder zu anderen Verwandten. Wenn man Glück hatte, besaß irgendeiner in der Familie oder im Bekanntenkreis einen Bauernhof. Das waren dann die Traumferien schlechthin. Ich konnte ein paar Mal mit Freunden zu einem Kriegskameraden meines Vaters fahren, der einen Bauernhof in Voitze in der Lüneburger Heide hatte. Da konnte man im Heu toben, auf Erntewagen mitfahren und beim Viehfüttern helfen. Wir lernten reiten und Treckerfahren und waren erstaunt darüber, dass das auch ohne Führerschein bestens ging. Im Gegensatz zum Kinderheim vergingen diese Wochen auf dem Bauernhof immer zu schnell.

Ich erinnere mich an eine Rückfahrt mit Freunden in einem Interzonenzug, das waren die Züge, die von Westdeutschland durch die Ostzone – erst später hieß es „DDR" und zwar am Anfang mit und dann ohne Anführungszeichen! – nach Berlin fuhren. Diese Züge waren immer wahnsinnig voll, so dass man meistens stundenlang auf den Koffern sitzen musste, weil man das Geld für die Reservierung von Sitzplätzen lieber für Süßigkeiten oder Eis oder auch für die ersten Zigaretten ausgegeben hatte. Auf einer Rückfahrt aber hatten wir zu unserer Überraschung zu Dritt die ganze Zeit ein Sechserabteil für uns ganz alleine. Am Anfang dachten wir, dass läge an der Pfeife, die mein Freund Ömmes gerne rauchte. Erst nach einer ganzen Weile fanden wir die wirkliche Ursache heraus. Wir stanken alle drei ganz erbärmlich nach Schweineschiete. Wir hatten in den Ferien nämlich des öfteren auf den Weiden Ferkel eingefangen und waren dabei nicht nur einmal in dieselbe gerutscht. Wir hatten uns danach zwar immer abgeschrubbt und sogar die Lederhosen abgeseift. Allerdings hatten wir die berühmten Messertaschen vergessen, und die waren bei allen drei Lederhosen noch randvoll mit Schweineschiete! Auch so kann man Plätze im Zug reservieren, ohne dafür nur einen Pfennig zu bezahlen ...! Zu Hause wurden wir dann alle drei aber sehr schnell wieder auf mitteleuropäischen Standard gereinigt, und zwar wir selbst und auch die Lederhosen!

Meistens blieben wir bis Anfang der 1960er Jahre in den Sommerferien zu Hause und machten dann den ganzen Tag das, was wir sonst nach der Schule und dem Erledigen der Schularbeiten im Sommer auch machten: Wir gingen in die Badeanstalt und zwar den ganzen Tag. Anfangs handelte es sich bei so einer Badeanstalt um die Flüsse in der Umgebung. Da sackte man in der Ufermodde oft bis über die Knöchel ein und hatte manchmal Angst, die Füße gar nicht mehr rauszukriegen. Aber es gab auch Stücke mit richtigem Flusssand, auf dem man genüsslich in der Strömung liegen konnte. Ein bisschen Angst hatte man vor den Scheren der Flusskrebse, aber richtig ekelig waren nur die Blutegel, die man sich immer von den Beinen wischen musste, wenn man aus dem Wasser kam.

In meiner Heimatstadt Coesfeld gab es an oder besser gesagt in der Berkel die „Zwei-Pfennig-Badeanstalt". So ein fließendes Gewässer behielt auch im Sommer eine Temperatur, die sicherlich gut für die Haut war!

Als dann die Flüsse zum Ende der 1950er Jahre immer dreckiger wurden, gab es für die meisten von uns Gott sei Dank schon richtige Badeanstalten. Die Schwimmbecken waren zwar nicht geheizt, so dass die Wassertemperatur, je nach Wetterlage, zwischen 16 und 20 Grad schwankte, aber das war uns egal. Wir hatten ja Erfahrung mit den Flusstemperaturen.

Man nahm ein paar Butterbrote, eine Flasche Himbeersaft und vielleicht noch einen Ball und stopfte alles zusammen mit einem Handtuch in einen Campingbeutel. Das war ja in dieser Zeit das berühmteste Pack-Utensil überhaupt. Es sah ein bisschen aus wie eine Mischung aus einer große Stofftüte und einem Rucksack. Oben konnte der Beutel mit einem Band, das durch so Metallösen lief, zugezogen werden. An einer Seite liefen zwei starke Kordeln von oben nach unten, damit man sich den Sack über die Schulter werfen konnte. Nicht vergessen werden sollte die Plastiklasche an der Seite, in die man ein Stück Pappe mit seinem Namen reinschieben konnte.

Eine Decke durfte bei der Badeausrüstung natürlich auch nicht fehlen. Bei mir war das, wie schon erzählt, unsere „RAD-Bügeldecke". die offensichtlich noch aus den Beständen des „Führers" stammte. Mir war das egal.

Die Badehose hatte man meistens schon drunter und die Unterhose im Campingbeutel. Nicht wenige verzichteten ganz auf die Unterhose, weil man die Badehose trocknen ließ. Das gelang nicht immer, aber unter der Lederhose konnte man auch eine nicht ganz trockene Badehose ruhig anlassen.

Die Decke wurde auf den Gepäckträger geklemmt, der Campingbeutel über die Schulter geworfen und ab ging es.

Eine kurze Stressphase gab es häufig am Eingang zur Badeanstalt, wenn man noch kein glücklicher Besitzer einer Dauerkarte war und für eine Einzelkarte zu wenig finanzielle Reserven hatte. Dann schob man sich immer in einem Pulk am Kassierer vorbei, so dass der nicht mehr genau wusste, wer eine Karte besaß oder den Eintritt schon bezahlt hatte. Manchmal hatte ich das Gefühl, dass der Kassierer, bei uns ein beinamputierter Kriegsinvalide, ganz bewusst ein Auge zudrückte oder auch beide, weil er uns die Zeit im Schwimmbad gönnte.

Sobald man ungeschoren in der Badeanstalt war, suchte man

sich einen guten Platz auf der Liegewiese, vorzugsweise unter den wenigen Bäumen oder an der Hecke. Dort wurde dann ein richtiges Lager aufgebaut, indem man Decken und Handtücher zu einer großen „Lümmelwiese" aneinander legte. Blitzschnell waren die wenigen Klamotten ausgezogen und ab ging es ins Wasser. Am Anfang war das natürlich der Nichtschwimmer, in Coesfeld ein betoniertes Becken mit glitschigem und von Algen grünem Untergrund. Dort brachten wir uns gegenseitig das Schwimmen bei oder besser gesagt, das „Hundepaddeln". Gut, dass die Eltern nicht gesehen haben, wie viel Wasser wir dabei geschluckt und wo wir uns beim Ausrutschen überall die Knochen angehauen haben.

Hundepaddeln, diese ganz spezielle Art des „Über-Wasser-Bleibens", reichte aus, um in den Schwimmer zu wechseln. Schnell lernte man dann Brustschwimmen oder auch Kraulen. Am wichtigsten aber war der „Köpper". Fußsprung, das war was für die Mädchen. Die schärfste Form des Kopfsprungs war der „Seemannsköpper". Da wurden die Arme nicht links und rechts nach vorne neben den Kopf gelegt, sondern an die beiden Außenseiten der Oberschenkel. Militärisch hätte man auch sagen können, man nahm Grundstellung ein. Bei dieser Art des Sprungs tauchte der Kopf als erstes ins Wasser ein. Die Eltern warnten, leider ungehört, vor diesem „Köpper", weil man dabei, so hieß es immer, mit dem Kopf auf dem Betonboden aufschlagen könnte und dann querschnittsgelähmt wäre. Eine schreckliche Vorstellung, aber was sollte man als Junge machen, wenn der „Seemannsköpper" die Mädchen am meisten beeindruckte ...?

Wir machten im Laufe der Zeit alle den Frei- und Fahrtenschwimmer, später kam der Jugendschwimmpass dazu. Einige von uns gingen zur DLRG, dort wurden sie echte Rettungsschwimmer. Am meisten beeindruckten uns allerdings die Männer mit dem Totenkopf an der Badehose. Den gab es in Schwarz, Silber und Gold. Was man dafür im einzelnen machen musste, weiß ich nicht mehr so genau. Ich habe nur noch in Erinnerung, dass man für den goldenen Totenkopf u.a. drei Stunden am Stück schwimmen musste.

Natürlich wurde in der Badeanstalt auch Ball oder Fangen gespielt. Vor allem aber hing man auf der Decke rum und machte eigentlich überhaupt nichts. Und trotzdem wurde es uns nicht langweilig, auch wenn sich das in den Ferien jeden Tag wiederholte.

Eine kleine Abwechslung bestand allerdings darin, dass man sich ab und zu vor dem Nachhausegehen in den Umkleidekabinen umzog. Der Grund dafür war nicht in erster Linie die noch nasse Badehose, sondern diese Einrichtungen als solche. Dabei war die Kabine besonders interessant, deren Außenwand gleichzeitig die Innenwand der ersten Kabine für die Mädchen war. Dort konnte man nämlich durch ein paar Astlöcher linsen, was allerdings nicht immer von Erfolg gekrönt war. Anfangs konnte man auch noch auf die Sitzbank steigen und oben einen Blick über die Kante werfen. Dem wurde aber dadurch ein Ende gemacht, dass über die Kabinen Maschendraht gezogen wurde. Schluss mit Spannen!

In Erinnerung geblieben ist auch der Geruch in diesen Umkleidekabinen, in denen man auf ständig feuchten Holzrosten stand. Dieser Geruch war immer eine Mischung aus weißem und eher gelblichem Wasser, und der Holzrost war bestimmt eine Traumkonstruktion für Fußpilz-Kulturen.

Es gab noch eine zweite, allerdings nicht besonders beliebte Abwechslung, wenn nämlich ein Gewitter aufzog. Ins Wasser ging man natürlich bei Gewitter nicht, weil wir kapiert hatten, dass der Kopf über der Wasseroberfläche der höchste Punkt war und damit von einem Blitz favorisiert worden wäre. Aber man blieb immer bis zum letzten Moment, in der Hoffnung, das Gewitter würde vorbeiziehen.

Wenn man es noch trocken oder aber auch bereits klitschnass nach Hause geschafft hatte, ging man dort nicht zur Tagesordnung über. Bei Gewitter mussten alle, egal zu welcher Tages- oder Nachtzeit vollständig am Tisch sitzen, auf dem eine „Lourdes-Kerze" brannte. Zu essen gab es allerdings nichts, weil man im Münsterland im Zusammenhang mit Gewittern den Spruch kannte: „Den Fresser schlag tot". Unsere Nachbarin erzählt, dass sie als Kinder bei Gewitter auch nicht ins Bett durften. Falls sie mal mit ihren beiden Schwestern allein zu Hause war, wenn ein Gewitter kam, dann setzten sich alle drei immer in das fensterlose Badezimmer, weil man dort die Blitze nicht sah und die Donner nicht so laut waren.

Sechs Wochen Sommerferien, sechs Wochen Badeanstalt. Für mich endete dieser Traum schon, als ich 15 Jahre alt war, und vielen meiner Klassenkameraden ging es ähnlich. Wir fingen nämlich an, in den Ferien unser erstes Geld zu verdienen, um die knappe Familienkasse etwas aufzufüllen. Für einige Klassenkameraden und für mich war der erste Job das Tragen von Messlatten beim Katasteramt, bei uns hieß das Kulturamt. Das war damals die Zeit der Flurbereinigung, im Münsterland keine ungefährliche Tätigkeit. Das lag nicht nur an den Bullen auf den Weiden, sondern auch an den Bauern selbst. Wenn im Münsterland jemand seit 300 Jahren auf derselben Scholle sitzt, kann ihm so leicht niemand einreden, dass er einen Acker, den schon sein Urgroßvater bestellt hat, gegen ein Stück Land eintauschen soll, nur weil das näher an der Hofstelle liegt. Wir sind wegen unserer Vorstellungen von Flurbereinigung nicht nur einmal mit der Forke vom Hof gejagt worden!

Weil man mit Messlatten Tragen nicht viel verdienen konnte und dafür auch noch bis zu 20 km mit dem Fahrrad zur Arbeit und wieder zurückfahren musste, wechselten die Experten von uns im Alter von 16 Jahren in den Tiefbau. Da bekam man deutlich mehr Geld und am Freitag, wie damals bei den Erwachsenen üblich, eine Lohntüte. Allerdings lernte man auf dem Bau auch, harte Sachen zu trinken, aber wie immer im Leben: Die Guten hielten es aus, und um die Schlechten war es nicht schade.

Zum Ende der Pennälerzeit machten dann viele von uns die ersten „Tramp-Touren". Das war die billigste Art, Europa kennen zu lernen, allerdings bisweilen auch keine einfache. Es gab ja damals noch nicht so viele Autos, und ich erinnere mich daran, dass ich mit meinem Bruder in Finnland mal drei Stunden an einer Straße gehockt habe, ohne dass überhaupt ein Auto vorbeigefahren ist.

Die Kinder von den Fabrikanten oder anderen Leuten, die schnell zu Geld gekommen waren, fuhren schon Ende der 1950er Jahre mit ihren Eltern im eigenen Wagen nach Italien. Aber mit denen hätte man nicht tauschen wollen, weil das irgendwie zu zivilisiert war.

Meine Freunde und ich waren da mehr für das Handfeste. Ich selbst konnte später mit Freude feststellen, dass unsere Kinder alle von sich aus auch in den Ferien ihr erstes Geld verdient haben und ihnen ein Urlaub immer dann am meisten Spaß gemacht hat, wenn er nicht so war, wie bei den meisten anderen!

So, und jetzt zum Schluss, will ich Euch, wie versprochen, verraten, wie wir das kapiert haben, dass unser Biologiebuch in einigen Passagen unvollständig war ...!

Aufklärung und das andere Geschlecht

In diesem Biologiebuch von „Schmeil" gab es nämlich nur den Menschen ohne Unterleib. Die Abbildungen hatten unterhalb des Nabels quasi eine geschlechtsneutrale Zone. Auch im Religionsunterricht war Geschlechtserziehung nur insofern ein Thema, dass man sich „für die Ehe bewahren sollte"; über Alternativlösungen, „allein oder mit anderen" wurde nicht gesprochen. Trotzdem schien das Thema so heikel zu sein, dass das einzige Mädchen auf dem „Nepomucenum" in Coesfeld, das – geradezu revolutionär – seit Obersekunda in unserer Klasse war, am Religionsunterricht nicht teilnahm, sondern eine Freistunde hatte. Trotzdem oder deswegen habe ich sie geheiratet, und sie ist heute noch meine Frau und die Mutter unserer vier Kinder, aber das ist eine andere Geschichte!

Zurück zum Thema: Also diese mangelhafte Unterrichtung in der Schule versuchte man im Bücherschrank durch Exemplare aus der zweiten Reihe zu kompensieren. Denn eins war uns schon klar, das mit dem Mendel und den roten, weißen und rosafarbenen Blüten, das konnte nicht alles sein. „Aufklärung", das war für unsere Eltern ausschließlich eine Geschichtsepoche oder wie es im Großen Herder steht: „Eine Epoche, die in den Kulturen auftritt, wenn die religiöse Überlieferung erlahmt und aus der Reflexion der menschlichen Vernunft ein neues Prinzip der Kultureinheit gewonnen werden soll", einfach ausgedrückt: Nichts, was uns das andere Geschlecht hätte erklären, geschweige denn näher bringen können. Das mussten wir schon selbst erledigen.

Während die einen ihren Weg zum anderen Geschlecht mit den bewährten Mutter und Kind Spielen begannen, verlegten sich andere auf die durchaus ebenfalls erhellenden Doktorspiele; die echten Durchblicker praktizierten beides. Allen drei Ansätzen war gemeinsam, dass die Inhalte von uns katholischen Kindern gebeichtet werden mussten, wobei im Regelfall die Frage: „Allein oder mit anderen" mit „Ja" zu beantworten war. Aber davon habe ich ja schon erzählt. Dass wir von diesem Beichten des 6. Gebotes keine psychischen Schäden und/oder sexuelle Verklemmtheit davongetragen haben, ist eins der vielen Phänomene unserer Kindheit und Jugend.

Nachdem wir jedenfalls auf diesem Wege eine Basis gelegt hatten, machten wir mit Hilfe der Tanzstunde den nächsten wesentlichen Entwicklungsschritt. – Bei denen, die von reichen Eltern ins Internat geschickt worden waren, gab es im Regelfall noch eine geschlechtliche Zwischenphase, die nicht unbedingt bisexuell war!

Die Tanzstunde, das war das erste organisierte Aufeinandertreffen der beiden Geschlechter. In meiner Heimatstadt Coesfeld, dort im dunkelschwarzen Münsterland, trafen sich die Jungen der Obersekunda des „Nepomucenum" mit den Mädchen der Untersekunda des „Heriburg-Aufbaugymnasiums" in der Gaststätte „Döbbeler-Bruns" auf dem Coesfelder Berg. Gegen Zahlung einer Gebühr von 50 DM lernten sie sich zu den Klängen der Musik geordnet oder sogar rhythmisch zu bewegen. Diese Tanzstunden fanden natürlich nicht abends, sondern nachmittags, also im Hellen statt. Auch dafür muss es Gründe gegeben haben ...

Zu diesen Tanzstunden trug man nicht die mittlerweile geliebten Nietenhosen – so nannte man die Jeans früher – sondern eine Stoffhose mit Gürtel, dazu ein weißes Nyltesthemd mit Krawatte und Jackett.

Für die Experten von uns – und ich rechne mich selbstbewusst dazu! – war sehr schnell klar, dass Tanzen keine gesellschaftliche Umgangsform oder sogar Sport war, sondern vor allem endlich die Gelegenheit, das andere Geschlecht in aller Öffentlichkeit anzufassen. Deswegen hat uns der Blues auch weit besser gefallen als der Cha-Cha-Cha. Bei mir hat sich das bis heute gehalten. Die Tanzstunde führte uns in der geschlechtlichen Entwicklung recht schnell einen entscheidenden Schritt weiter.

Danach begannen die Partys, zu denen man im Regelfall drei rosa Nelken und zwei blaue Iris, verbunden durch etwas – dem Dill nicht unähnlichen – Asparagus, mitbrachte, alternativ eine Dose Erdnüsse (vorzugsweise von Ültje). Bei diesen Partys kam es im sexuellen Bereich nicht selten zu echten Entwicklungssprüngen, vor allem, wenn die Veranstaltungen im Keller oder auf dem Dachboden stattfanden. Bei diesen Sprüngen, um im Bild zu bleiben, war natürlich zu berücksichtigen, dass die Antibabypillen für uns unerreichbar waren und die Verhütung nach „Knaus Ogino" mit dem Party-Kalender nur in Ausnahmefällen abgestimmt werden konnte. Besonders attraktiv waren solche Partys, die bei Vettern oder Cousinen stattfanden, die in einer Großstadt wohnten. Dort gab es auch im Partybereich einen deutlichen Entwicklungsvorsprung. Für mich, als Jüngling vom Lande, führte das zu nicht unerheblichen Irritationen, die ich aber mittlerweile wohl überwunden habe. Wir Münsterländer sind zwar manchmal etwas bedächtig, aber wenn wir was kapiert haben, dann sitzt es!

In der Öffentlichkeit war jede Art von Anfassen völlig tabu und auch das Knutschen auf der Bahnsteigkante unvorstellbar. Wer den Mut hatte, mit dem Traum seiner schlaflosen Nächte mal heimlich ein Doppelzimmer in einer Pension zu beziehen, der war in der Regel nach den Eintragungen oder sogar Befragungen an der Rezeption bereits mit seinen Nerven so am Ende, dass es die Couch auf der heimischen und zeitweise sturmfreien Bude auch getan hätte.

Obwohl wir nicht aufgeklärt wurden und uns die Existenz des anderen Geschlechtes erst relativ spät klar wurde, gab es zu unserer Zeit nicht so viele Hochzeiten zu dritt wie heute. Das lag zugegebenermaßen wohl auch an dem Mangel an Gelegenheiten. Hinzu kam sicherlich, dass es damals noch als Schande angesehen wurde, wenn man ein uneheliches Kind bekam. Ein Zusammenleben auf Probe war völlig ausgeschlossen. Mischehen, also Heiraten zwischen evangelischen und katholischen Christen waren ein Riesenproblem. Wenn ein Katholik sich evangelisch trauen ließ, wurde er von der katholischen Kirche exkommuniziert. Zustände, fast wie im Mittelalter!

Wir mussten uns erst einmal verloben, um die Ernsthaftigkeit unserer Beziehung zu unterstreichen. Der berühmte § 1300 des Bürgerlichen Gesetzbuches, der beim Auseinandergehen einer Verlobung vor allem den Bräutigam zum Ersatz auch der immateriellen Schäden verpflichtete, hatte damals nicht nur eine theoretische Bedeutung. Wie hieß es im Jura-Studium so schön? „Der Heilige Geist ist sehr verwundert, Maria klagt auf §§ 1300."

Die standesamtliche Trauung war natürlich vor der kirchlichen Trauung Pflicht. Ansonsten hatte diese gesetzlich vorgeschriebene, weitgehend schmucklose und sterile Zeremonie, in der die Braut in der Regel den Namen des Mannes annahm, im Münsterland keine Bedeutung. Meine Frau hat am Abend nach unserer standesamtlichen Hochzeit bei einer befreundeten Familie ihrer Eltern, die nicht mehr in unserer Heimatstadt Coesfeld wohnten, übernachtet. Sie war zwar vor dem Gesetz „Frau Hübschen", aber das zählte für die damalige Gesellschaft nicht. Ausschließlich die kirchliche Trauung war die Voraussetzung dafür, offiziell Tisch und Bett zu teilen, wobei mir der Tisch nicht ganz so wichtig war ...!

Wie wir es geschafft haben, in einem solchen Umfeld und bei diesen Voraussetzungen selbst Familien zu gründen und einigermaßen normale Mütter und Väter zu werden, ist nur über den Instinkt zu erklären.

Noch beeindruckender ist allerdings die Tatsache, dass die

meisten von uns mindestens zwei Kinder haben und dass z.B. in unserem Freundeskreis noch viele Paare zusammen sind, die sich bereits seit ihrer Kindheit oder frühen Jugend kennen.

Vielleicht ist es ja doch eine besondere Zeit gewesen in den 50er und Anfang der 60er Jahre?

Nostalgisch-philosophische Schlussbetrachtung

Jetzt, nachdem Ihr dieses Büchlein gelesen habt, werdet Ihr mir sicherlich zustimmen, dass wir, die wir als Kinder in den 50er oder 60er Jahren groß geworden sind, im Grunde genommen nur wie durch ein Wunder überlebt haben. Es ist doch nahezu unerklärlich, dass wir überhaupt noch immer auf unseren eigenen Füßen laufen können und auch keine nennenswerten psychischen Störungen aufweisen.

Am erstaunlichsten an unserer Kindheit und Jugend war aber aus meiner Sicht, wie wenig unsere Eltern darüber wussten, was wir eigentlich den ganzen Tag machten. Das hat ihnen manche Sorgen erspart und wohl auch nur deshalb funktioniert, weil die Eltern uns am Anfang unseres Lebens auf die richtige Spur gesetzt hatten, unauffällig nachsteuerten und, ohne dass wir es bewusst registriert haben, immer für uns da waren.

Natürlich sieht man im Rückblick manches rosarot und neigt auch dazu, schlimme Dinge zu vergessen, falls es sie denn gegeben hat. Und es ist sicherlich auch richtig, dass alle Zeiten auf eine bestimmte Art einmalig gewesen sind. Das ändert aber nichts daran, dass das menschliche Miteinander und vor allem der familiäre Zusammenhalt immer dann besonders intensiv sind, wenn die äußeren Umstände bestimmte Handlungsweisen erfordern. Und es spielt auch sicherlich eine große Rolle, wenn man in einem hohen Maße aufeinander angewiesen ist. Last but not least, hat die Geschichte gezeigt, dass Zeiten nach großen Katastrophen immer von einer besonderen Intensität gewesen sind.

Fazit: Die Menschen, die heute zwischen 50 und 65 Jahre alt sind, die haben eine Kindheit und Jugend erlebt und überlebt, die heute unvorstellbar ist, aber trotzdem oder gerade deshalb herrlich war und Psychiatern wenig Betägigung bot.

P. S.: Ehe ich es vergesse, ich bitte um Verständnis, dass ich Euch alle geduzt habe, aber schließlich kennen wir uns ja auch schon seit Kindertagen, auch wenn wir uns noch nicht alle getroffen haben!

Mehr von Jürgen Hübschen

Der Lack ist ab – na und?!
Lebens- und Überlebenshilfe für alle, die auch vom Alter überrascht wurden

„Das Buch schafft nicht nur ein wenig Trost, vielmehr bündelt der Berufsoptimist Jürgen Hübschen hier ein weiteres Mal seinen Humor und holt die Leser - und nicht nur die seiner Generation - auf die Sonnenseite des Lebens oder beleuchtet jene Schattenseiten mit einer gehörigen Portion Sprachwitz."
Der Coesfelder

agenda Verlag, Münster 2007, 100 Seiten, 12,00 €, ISBN 978-3-89688-325-4

Badetag und Wundertüte

„Der Leser findet seine Kindheit wieder in der Erzählung von Jürgen Hübschen"
Münstersche Zeitung

„Genüsslich beschreibt Jürgen Hübschen die Prozedur des Brauspulver-Leckens und alle Leser spüren wieder das Prickeln auf der Zunge"
Westfälische Nachrichten

agenda Verlag, Münster 2009, 120 Seiten, 2. erweiterte Auflage, 12,00 €, ISBN 978-3-89688-395-7

Badetag und Wundertüte (Hörbuch)

als **Hörbuch im MP3-Format**
Gesamtspielzeit 3 Std. 57:50 Min
vom Autor selbst gelesen

agenda Verlag, Münster 2008, 14,80 €
ISBN 978-389688-344-5

„Hecht ist leider aus"
oder: Worüber ich mich schon immer mal aufregen wollte

Hübschen erzählt in seinem neusten Büchlein von einigen typischen Nickeligkeiten des Alltags, über die sich Otto der Normalverbraucher aufregen muss und auch aufregen will. Mit gewohnt leichter Feder und einer Menge Humor zeigt er die unterschiedlichsten Anlässe auf, bei denen uns schnell „der Kragen zu eng wird".Gleichzeitig macht er uns auf eine hintergründige Art und Weise klar, dass uns diese kleinen Ärgernisse miteinander verbinden, weil wir sie ja alle, wenn auch vielleicht in unterschiedlicher Intensität, erleben und aushalten müssen.

Hübschen behauptet, dass man sich irgendwie besser fühlt, wenn man das Büchlein gelesen hat!

agenda Verlag, Münster 2010, 132 Seiten, 12,00 €
ISBN 978-3-89688-410-7

Denn was Tauben sich erlauben
Oder worüber ich mich sonst noch aufrege

Jürgen Hübschen lässt es weiter menscheln! Auch bei *Denn was Tauben sich erlauben* gewinnt er den Widrigkeiten des Lebens die humorvolle Seite ab. Die Frage, warum dies neue Büchlein „einfach sein muss", ist mit der unerschöpflichen Anzahl der Fälle, der Zu- und Zwischenfälle, mit den Zwängen, mit der Alltagskomik, den Situationen und Befindlichkeiten unseres Lebens mehr als hinreichend erklärt. Was alle betrifft, macht uns Hübschen bewusst: Welch umfassendes Ärgerpotenzial beinhalten die Tauben der Stadt? Welches die Bohrgeräusche aus irgendeiner, niemals zu ortenden Nachbarswohnung? Oder – welche inneren und äußeren K(r)ämpfe hat nicht jeder von uns beim Selbstbau mit dem Achtkantschlüssel eines (ungenannten) Möbelhauses schon verzweifelt durchgestanden?

In der Tat: Die Welt des schicksalhaften Aufregens kann nur wirklich verstehen, wer nach tiefgründigem „Hecht" jetzt auch die „Tauben" zur Hand nimmt!

agenda Verlag, Münster 2012, 138 Seiten, 12,00 €
ISBN 978-3-89688-483-1

Der Irak-Kuwait-Krieg

Chronologie einer programmierten Katastrophe

„Wer sich über die Vorgeschichte der Ereignisse am Golf ein Bild machen möchte, findet im Buch von Hübschen eine Fülle von Detailinformationen. Die klare und direkte Sprache lässt dabei die Lektüre zur kurzweiligen Angelegenheit werden – ein lesenswertes Buch".
Frank Henning, Magazin: *Die Bundeswehr*

Detlef Mönch, Druck & Verlag, Essen 2003, 3. überarbeitete Auflage, 418 Seiten, ISBN 3-934173-09-8
Sonderpreis 5 €
www.friedenssicherung-und-sicherheitskonzepte.de

Die Zukunft des Irak – Pax Americana?

„Überhaupt ist Hübschens Buch voller überraschender Zitate. Sein umfangreiches Werk wird dadurch lesbar, dass man fast überall einsteigen kann und sofort einen Einblick in den Verlauf der Ereignisse bekommt. Hübschen hat ein gut strukturiertes, ein fast enzyklopädisches Buch vorgelegt, das voll von Daten und Fakten ist. Inhaltlich setzt sich der Fachmann Hübschen deutlich von der amerikanischen Politik ab."
Heiko Flottau, *Süddeutsche Zeitung*

Edmund Steinschulte Verlag, Wiesbaden 2008, 2. überarbeitete Auflage, 640 Seiten, ISBN 978-3-86778-004-9
Sonderpreis 8 €
www.friedenssicherung-und-sicherheitskonzepte.de

Antönnchen, der kleine Hase
Gute-Nacht-Geschichten für große und kleine Leute

1. Auflage mit CD vom Autor selbst gesprochen
Illustriert von Gabriele Russell
Sonderpunkt Verlag, Münster 2008
14,90 €
ISBN 978-3-938329-40-5

Antönnchen und seine Freunde
Neue Geschichten von Antönnchen, dem kleinen Hasen

1. Auflage mit CD vom Autor selbst gesprochen
Illustriert von Gabriele Russell

Sonderpunkt Verlag, Münster 2009
14,90 €
ISBN 978-3-938329-46-7

Antönnchen will Fliegen lernen
und andere lustige Geschichten vom kleinen Hasen

1. Auflage mit CD vom Autor selbst gesprochen
Illustriert von Gabi Russell
14,90 €
Sonderpunkt Verlag, Münster 2011
ISBN 978-3-938329-78-8